Henning

Steffen Schneider

Mit Mut, Mörtel und ohne Millionen

Über das Abenteuer, in einem Gutshaus zu leben

DAS BUCH ZUR SENDUNG

HINSTORFF

NDR FERNSEHEN

Ostsee
ROSTOCK
WISMAR
20
19
Mecklenbur

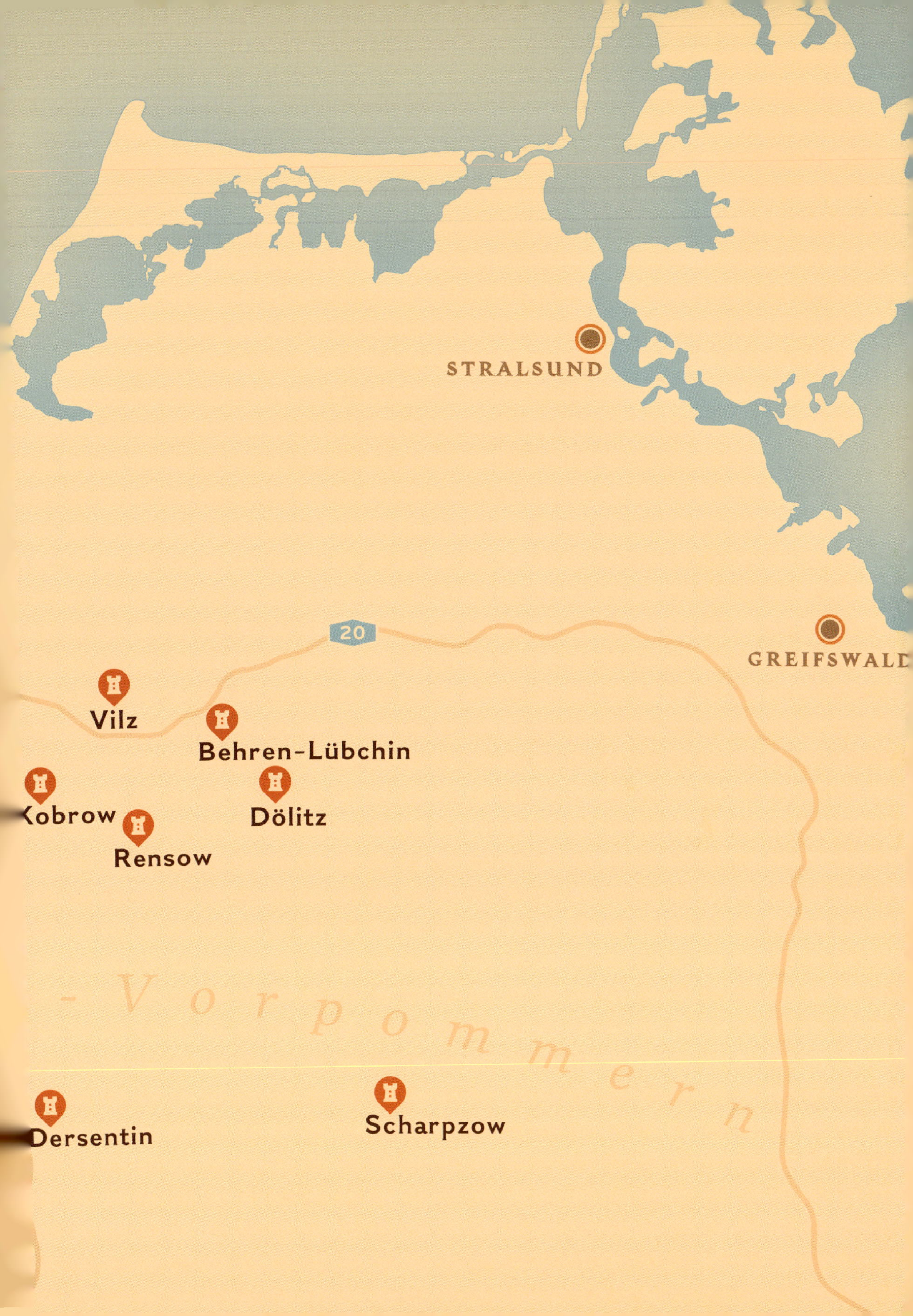
STRALSUND
20
GREIFSWALD
Vilz
Behren-Lübchin
Kobrow
Dölitz
Rensow
-Vorpommern
Dersentin
Scharpzow

Die Tischgesellschaft der Gutshausretter

Von eigenwilligen Menschen, besonderen Häusern – und einer Mission

Lichter in Rensow

Von einem Wildschwein stammt der Backenzahn, in Gold gefasst, den sie am Ringfinger trägt. Ein mächtiges Ding, martialisch und genauso morbide wie der bleiche Rattenschädel, der an einem schmalen Lederband um den Hals der Gräfin baumelt. In ihren Ohrlöchern stecken filigran gefasste, gelb schimmernde Kristalle, mit getrockneten Raubvogelfüßchen als Schmuck. Christina von Ahlefeldt-Laurvig, Nachfahrin eines dänisch-norddeutschen Adelsgeschlechts, könnte die Zauberin in einem Märchen sein. Oder in einem Traum. Blass, mit schwarzem Haar und großen Augen. Wie aus einer Theaterkulisse entstiegen. Aber sie ist real und eine überaus freundliche Person, die Hausherrin von Schloss Rensow. Und steht mit beiden Beinen im Leben. Beziehungsweise jetzt gerade in ausgetretenen Knobelbechern und verscheucht zwei krakeelende Pfauen, die sich vor der Eingangstür breitgemacht haben.

Draußen ist es schon dunkel. Christina stiefelt über einen grob gepflasterten Steinpfad durch den nasskalten Novemberabend bis zum Waldrand, wo Bärlauch, Minze und Salbei üppig wuchern. Frisches Grün wandert in den geflochtenen Weidenkorb. Lauch und Kräuter werden gleich in der Gutshausküche gebraucht, wo Christinas Mann Knut Splett-Henning schwitzend einen großen Bräter mit einem Batzen Fleisch und grobem Gemüse bestückt. Man kann ihn sehen durch die gemütlich leuchtenden Fenster des Gutshauses von Rensow. Ein karminrot angestrichener Bau aus dem Spätbarock, trutzig, mit imposantem Dach, der jetzt von einer dunstigen Dunkelheit umfangen wird. Nebel steigt aus dem nahen Teich und den umliegenden Wiesen auf. Abgeerntete Rapsfelder stoppeln sich über die leicht geschwungene Landschaft. Am Horizont im Westen glimmt noch ein blau-grauer Rest winterlichen Tageslichts. Ein Dorfköter blafft in der Ferne. Die Pfauen schicken unsichtbar ihren merkwürdig jaulenden Ruf in den Abend. Christina hat genug gesammelt und geht eilig zurück ins Haus, das nur von Kerzen erleuchtet ist. Die schwere Eichentür schlägt knarzend zu. Stille! Die Zeit scheint wie stehengeblieben an diesem Abend in Rensow.

Wenn sich da nicht wenig später einige Scheinwerferpaare durch den Dunst über der Dorfstraße tasten würden. Motoren brummen, Räder blobbern über raues Kopfsteinpflaster. Die Gegenwart meldet sich zurück. Knirschend parken einige Wagen vor dem Haus.

Es ist Mittwoch. Der Wochentag, an dem in Rensow regelmäßig zum Abendessen geladen wird. Die meisten Gäste kennen sich seit Jahren, wohnen alle in der näheren und ferneren Nachbarschaft. In Dölitz oder Dersentin, in Kobrow, Scharpzow oder Behren-Lübchin. Ihre Gefährte

Zentrum der Gutshausretterszene: das Gutshaus von Rensow, seit 2015 mit neuem Dach

Hausherr Knut Splett-Henning in seinem Element in der Gutshausküche von Rensow

sind zerbeulte Lieferwagen, Caddies oder sogenannte „Hundefänger".

Die Gesellschaft, die sich hier trifft, ist eher knapp bei Kasse und investiert nicht in dicke Autos, sondern in Dachziegel, Mauersteine und Eichenbalken. Sie sind die neuen Gutshausbesitzer von Mecklenburg-Vorpommern – die ohne prall gefüllte Konten und ohne Furcht und (meistens) ohne Adel. Eine Art Notgemeinschaft, die in Rensow ihren Stammtisch abhält. Die Gutshausretter: Mit Mut, Mörtel und ohne Millionen.

Weltenbummler auf dem Dorf

Drinnen dampft mittlerweile ein riesiger Rippenbraten auf dem Tisch. Ein Berg gebackenes Gemüse glänzt ölig daneben: lila Kartoffeln, Spitzkohl, Fenchel, Pastinaken. Eine irdene Schale mit giftgrünem Bärlauchpesto verströmt den Geruch nach frischem Gras und einer Überdosis Knoblauch. Rotwein fließt in gewaltige Gläser. Eine blauschwarz glänzende dänische Dogge, größer als ein Kalb, will gekrault werden. Triglaf heißt das Tier und ist wirklich von furchteinflößender Gestalt. Aber Knut Splett-Henning, Hausherr und Koch, kann immer beruhigen: „Triglaf weiß nicht, dass er groß und gefährlich aussieht und fast 90 Kilo wiegt. Er denkt, er sei ein Chihuahua! Will immer nur schmusen." Knut hat ein rotes Gesicht von der Hitze an seinem Herd und ein bisschen auch vom Wein. Er streicht sich die vom Kochen strähnig gewordenen Haare aus der Stirn und verkündet: „In Deutschland werden zwar die teuersten Küchen verkauft, aber für Nahrungsmittel wird am wenigsten ausgegeben." Knut proklamiert gern und redet schnell. Oft schneller, als die Sätze seinen Mund verlassen können. Aber seine Gedanken rasen mit noch höherer Geschwindigkeit durch sein Gehirn. Noch schneller als er sprechen kann. Daran muss sich der Gast in Rensow erst einmal gewöhnen.

Gastgeberin Christina von Ahlefeldt-Laurvig, Nachfahrin eines deutsch-dänischen Adelsgeschlechts

Zudem verfällt er oft urplötzlich ins Dänische. Und zwar immer dann, wenn er sich mit seiner Frau Christina austauscht. Die hat er vor fast 20 Jahren in Kopenhagen kennengelernt. Davor hat er in Dubai gearbeitet und in London studiert. Oder war es Paris und Texas? Oder alles zusammen?! Na, egal. Sicher ist: Knut Splett-Henning hat einiges studiert. Internationale Beziehungen, Diplomatie und Wirtschaft. Er spricht fließend Englisch und Dänisch – und Französisch natürlich. Das hat er in Paris gelernt, in den Neunzigern, während eines Auslandsjahres als Student.

Im Hier und Jetzt, am Mittwochabend, ist Knut vor allem ein guter Koch. Mit einfachem Gasherd und Backofen, einem gut geschärften Messer und frischen Zutaten aus Garten, Wald und Keller fabriziert der Gastgeber immer wieder eine treffliche Mahlzeit für viele. Auch diese Fähigkeit entstammt seiner Zeit an der Seine, als er in einer Stundentenbude im dreizehnten Arrondisement seine Freunde bewirtete.

„Die Kunst", sagt er, „ist doch nicht, Filesteaks aus dem Supermarkt in die Pfanne oder auf den Grill zu hauen, sondern eine ganze Schweineschulter oder eine Lammhaxe hinzukriegen."

Rustikale Tafelrunde in Rensow: Gemüse und Kartoffeln aus dem Ofen, Rippenbraten, Rotwein. Beim Abendessen werden oft neue Pläne geschmiedet.

Gut kochen für viele, aber ohne viel Geld. Die gleiche Herausforderung wie bei der Rettung der alten, oft riesigen Häuser: mit Gewieftheit, Witz und guten Kontakten Großes erreichen. Das eint die Gäste an diesem Abend in Rensow. Die haben sich schon mit leuchtenden Gesichtern um den Tisch herum plaziert. Lammfelle sorgen für etwas Komfort auf harten hölzernen Stühlen. Rotwein spendet Trost. Und die Gemeinschaft.

Eine illustre Gästeschar

Aus dem Dörfchen Kobrow bei Laage, nur ein paar Kilometer Luftlinie entfernt, ist Philipp Kaszay angereist. Er kommt eigentlich aus Baden-Württemberg und saniert seit 2012 mehr oder weniger allein das Gutsschloss von Kobrow. Und er wohnt natürlich darin. Der gelernte Bauzeichner hat als Innendekorateur gearbeitet. Das hilft ihm, sein altes Haus zu verstehen. Philipp Kaszay ist ein nachdenklicher Mensch. Er blinzelt über den Tisch. Und seine schmalen Augen wirken durch die strenge schwarzgerahmte Brille noch kleiner. Kerzenlicht spiegelt sich in ihren Gläsern. Philipp sagt: „Diese Häuser sind unterschiedlich. Die Menschen sind unterschiedlich. Die Erbauer waren unterschiedlich. Jetzt gibt es wieder neue Menschen, die die Häuser bevölkern, die auch alle unterschiedlich sind. Jeder hat andere Ideen und andere Konzepte und auch eine andere Herkunft. Da herrscht dann gar keine Konkurrenz zwischen uns, sondern es ist eine Bereicherung für alle, dass es so viele von uns gibt."

Philipp Kaszay hatte seinen ersten Kontakt zur Szene in der Gutshausküche von Rensow.

Ihm gegenüber sitzen der strohblonde Sönke Johannsen und seine argentinische Frau Adriana Acosta, eine Südamerikanerin mit langen Wimpern und großen dunklen Augen. „Wir haben", so Sönke, „auch gemeinsame Nöte. Obwohl jedes Haus anders ist, leiden wir meistens unter den gleichen Problemen: einem feuchten Keller, einem undichten Dach, einem leeren Portemonnaie und Schwierigkeiten mit dem Heizen." Adriana seufzt und rollt ihre dunklen Augen nach oben – wie zu einem Stoßgebet an den Gott der Gutshausretter: „Ich mag das Haus. Man braucht nur so viel Geduld. Es gibt immer eine Phase, in der man keine Lust mehr hat, ich hatte diese schon. Ich bin ein Jahr nicht mehr in Dersentin gewesen, ich konnte einfach nicht. Aber jetzt gibt's eine gute neue Phase. Mit Liebe."

Sönke Johannsen, der ursprünglich wie Knut Splett-Henning aus dem schleswig-holsteinischen Pinneberg stammt, und Adriana sind seit 2008

Sönke Johannsen ist ein Schulfreund von Knut Splett-Henning und hat die Sanierung des Gutshauses in Rensow von Anfang an mitverfolgt.

die neuen Besitzer des Schlosses in Dersentin bei Güstrow, 40 Autominuten von Rensow entfernt. Ein neoklassizistischer Bau. Vielleicht etwas zu groß. Vielleicht etwas zu kastig. Zu lang, zu breit, zu hoch. Aber Sönke ist Pragmatiker und Manager von Beruf. Er sieht sein Haus als sportliche Herausforderung und den Stammtisch in Rensow als Therapiesitzung für sich und die anderen sorgengeplagten Gutshausbauerseelen.

Mittendrin wirbeln Knut und Christina in ihrer Gutshausküche. Sie legt nach. Er zieht Korken aus immer neuen Flaschen. Gesichter glühen, Essen dampft, Teller klappern.

Knut Splett-Henning und Christina von Ahlefeldt sind so etwas wie die Dirigenten in diesem Ensemble der Wagemutigen, die oft ohne Ingenieurswissen und ohne Architektenleistung an ihren Häusern basteln. Knut mit der ihm eigenen Würzmischung aus Wahnwitz und wohlüberlegten Worten versucht es auf den Punkt zu bringen: „Du brauchst gar keinen Architekten für so eine Bude. Das Haus hatte schon mal einen Architekten. Der ist nur meistens tot und du kannst ihn heute nicht mehr fragen. Insofern musst du probieren, diesen Architekten wiederzufinden, in dem, was er sich da ausgedacht hat. Beziehungsweise dich fragen, was er wollte mit dem Haus. Und wenn man das versteht und das Haus dann nicht versucht aus den Fugen zu biegen, dann ist das doch in Ordnung. Das Haus zu ehren und zu erkennen, darum geht es uns allen hier."

Christina zündet weitere der dicken weißen Kerzen an. Die fluten weiches goldenes Licht auf die muntere Gesellschaft, die einen zweihundertfünfzig Jahre alten eichenen Tisch umlagert, der schon viel erlebt haben muss.

Alle reden durcheinander, stecken hier und da die Köpfe zusammen. Geheimnisse werden ausgeplaudert, Gelächter wallt auf und ab, Geschichten machen die Runde, zuvor Verzweifelte finden Trost.

Die Gemeinschaft wird immer größer

Nina und Vincenco zum Beispiel. Das junge Künstlerpaar hat vor kurzem das lange leerstehende Gutshaus von Scharpzow in der Nähe von Malchin gekauft. Nina Hollensteiner, die Designerin, und Vincenzo Latronico, der Romanautor aus Norditalien, wollen eine Art Villa Massimo in Mecklenburg erschaffen. Einen Lebens- und Arbeitsort

Sie hatten einen der Gutshausretter-Filme in der NDR Mediathek gesehen und dachten, da fahren wir mal hin: Nina Hollensteiner und Vincenzo Latronico.

für sich und andere Kreative. Furchtlos stürzten sie sich in das Projekt. Aber dann entdeckten sie immer mehr Schimmel und Schwamm im Dachgeschoss. Balken zerbröseln zu Staub, von Pilzen zerfressen – überall im Haus.

„Wir haben", sagt Nina jedoch trotzig, „keine Angst vor dem Haus. Es ist eher andersherum. Wir hatten vor einem Jahr noch überlegt, eine Eigentumswohnung in Berlin zu kaufen. Eigentlich muss man Angst haben vor der 80-Quadratmeter-Wohnung in Berlin, die eine halbe Million

Euro kostet. Denn da sitzt man dann drin und kann nicht weg. Das ist ja wie im Gefängnis. Davor würde ich mich fürchten! Auf unserer Gutshausbaustelle bezahlen wir am Ende zwar genauso viel und wahrscheinlich noch mehr. Und es gibt bestimmt weitere unerfreuliche Überraschungen. Aber wir sind frei, haben Platz für Entfaltung und können unsere Ideen mit anderen zusammen verwirklichen."

Dann werden Teller beiseitegeschoben und Gläser nachgefüllt. Knut Splett-Henning zieht die sperrige Schublade eines 54 Jahre alten, grob gearbeiteten Barockschrankes auf. Knut ist Barock-Fan! Ein Stapel Papier kommt zum Vorschein. Knut entfaltet abgegriffene Pläne auf dem Tisch. Bauzeichnungen eines Gutshauses in der Nähe von Neubrandenburg. „Das habe ich mir letztens schon mal angeschaut", verkündet er stolz. „Steht zwar seit dreißig Jahren leer, ist aber eigentlich bezugsfertig", grinst er die neugierige Gesellschaft an. „Das müssen wir versuchen zu kaufen!"

Ronald van der Starre war Gast in Rensow, wurde zum Freund und ist jetzt Nachbar mit eigenem Gutshaus in Dölitz.

Neben ihm blättert ein stämmiger, gedrungener Mann mit wucherndem Bart interessiert in den Plänen. Er hätte einen Räuber spielen können in einem der tschechischen Märchenfilme aus den siebziger Jahren. Aber Ronald ist kein Räuber, sondern Architekt. Er bewohnt seit einigen Jahren das benachbarte Gutshaus von Dölitz. Er ist ein Glücksfall für die ganze Szene. „Als ich aus Potsdam weg und hierher zog", sagt er, „da wollte ich auch weg von meinem Beruf. Aber jetzt, durch die hochinteressanten Häuser, hat mich mein Beruf wieder eingeholt. Es macht tatsächlich einen Riesenspaß, sich um diese historischen Gebäude zu kümmern. Denn wenn man eins hat, fühlt man auch eine Verantwortung für alle anderen Häuser. Es gehört ja alles zusammen in dieser gutsdörflich geprägten Landschaft. Und da ist es doch schön, wenn unsere Gemeinschaft immer größer wird."

Der Einzelgänger in dieser lebhaften Runde ist Wadim Wolf. Ein großer Mann, Mitte fünfzig, dunkle Haare, halblang, zum Zopf gebunden. Der in sich ruhende Blick könnte sein Markenzeichen sein. Als Neuzugang am Rensower Stammtisch hört er viel zu. Wadim ist Bildhauer und Großstadtflüchtling, lebt allein im Gutshaus von Behren-Lübchin, ist gerade erst eingezogen in den leerstehenden Bau, den jeder andere für unbewohnbar halten würde. Seine einzige Gesellschaft dort sind riesige Gussformen und Plastiken. Meistens Figuren aus der indischen Mythologie. Als Erstes hat er hinter dem Gutshaus einen Teich gebaggert für seine über alles geliebten Seerosen. Das war ihm wichtiger als ein ordentliches Sicherheitsschloss in der Eingangstür. Wadim Wolf wirkt auf manche Menschen wunderlich. Aber in seinem Dorf haben sie ihn gleich ins Herz geschlossen und die Gutshausretterszene in Mecklenburg-Vorpommern hat ihn sofort assimiliert, bietet ihm Wärme. „Das gibt mir ein schönes Gefühl, das ich aus Berlin gar nicht kenne. Vielleicht von Familienfeiern früher. In die Gemeinschaft hier passe ich gut rein. Das Thema des schönen Geistes verbindet uns ja alle. Deshalb sitzen diese Leute ja auch alle in diesen alten Häusern. Und so gehöre ich doch dazu, obwohl ich von meinem Wesen mehr für mich bin." – „Ein Spinner mehr in unserer Runde, ist doch herrlich", brüllt Gastgeber Knut durch den Raum und säbelt noch eine Ecke Fleisch vom Braten.

Mit Willen, Witz und guten Kontakten

Die Gutshausretter, ihr Stammtisch, der Trost, dass sie alle die gleichen Probleme haben. Diese Menschen leben auf Baustellen, in Ruinen. Sie haben abenteuerliche Lebensläufe und wagen sich an totgeglaubte Riesenhäuser und Schlösser. Sie unterscheiden sich deutlich von den Gutshaus- und Schlossprojekten der Großinvestoren und Hotelketten im Land. Es geht ihnen nicht um Edelsanierung mit Blick auf Rendite und Übernachtungszahlen, sondern darum, das Wesen der Häuser wieder hervorzuholen. Sie vorsichtig zu entblättern und zu einem Lebensmittelpunkt für sich selbst zu machen.

Draußen ist es längst tiefschwarze Nacht geworden. Eine einsame Straßenlaterne funzelt ihr seifiges Licht auf das nassglänzende Kopfsteinpflaster des Dorfes. Ein leiser Wind fährt durch das feuchte Laub einer dreihundert Jahre alten Eiche und lässt es schläfrig rascheln. Das Gutshaus von Rensow ist trotz der Dunkelheit noch gut zu erkennen. Es war einmal der Mittelpunkt des Dorfes. Jetzt ist es Treffpunkt einer immer größer werdenden Gruppe von Enthusiasten, die neues Leben in alte Dörfer bringen. Diese bunte Truppe hat inzwischen eine Strahlkraft, die weit über Mecklenburg-Vorpommern hinausreicht und immer neue Aktivisten anzieht. Es ist eine Bewegung geworden. Energien werden frei. Frohsinn und Kraft ziehen in einst ausgehöhlte, kalte, nasse Gebäude ein. Füllen sie mit einer neuen Geistigkeit und Lebendigkeit. Diese Entwicklung konnte niemand ahnen. Denn es begann alles ganz langsam und ganz privat mit zwei Schulfreunden aus Pinneberg …

Die Kunst, aus wenig viel zu machen: Krustenbraten à la Rensow. Einfach. Urig. Lecker.

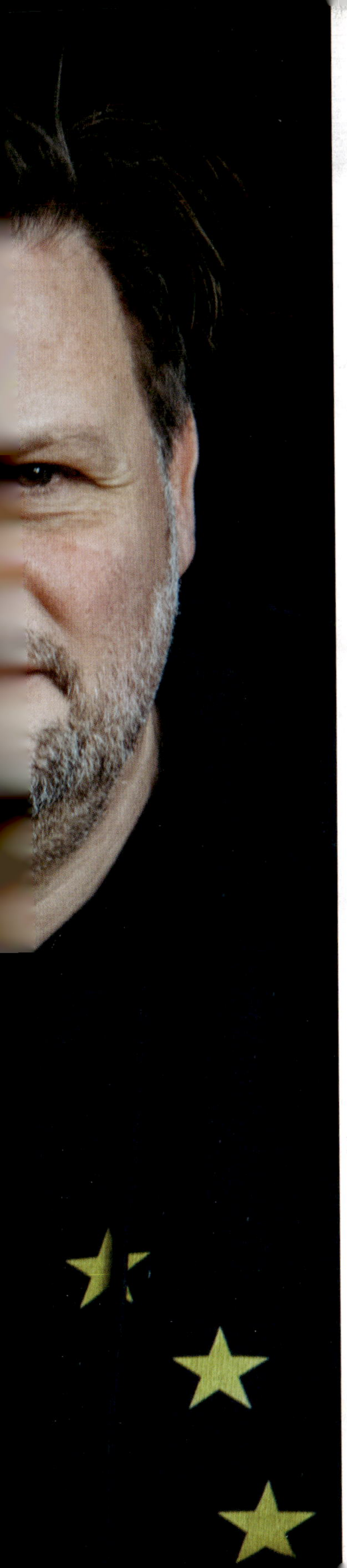

Viel besser als das Hamsterrad in der Stadt

Knut Splett-Henning und Christina von Ahlefeldt-Laurvig auf RENSOW

Mantel - und Degenzeit

Im Kassettenfach des Autoradios dudelt seit Tagen ein Mixtape. Das einzige, das Knut Splett-Henning auf dieser Tour dabei hat. Billy Joel, Pink Floyd, Tears for Fears. Stundenlang, immer wieder. „We didn't start the fire." „The wall." „Woman in chains." Mit dem weißen Lieferwagen, einem nicht mehr ganz jungen Mercedes 309 D, ist Knut vor einigen Wochen in den Osten gerollt. Als Unterstützer für eine Wahlkampftruppe, die im alten Bezirk Rostock Ende Februar 1990 mit dem Plakate-Kleben begonnen hat. Die DDR ist noch da. Der Winter auch. Der ist ohne Schnee, aber trotzdem kalt. Und nass. Die ersten freien Wahlen sind für den 18. März angesetzt. Und Knut schaukelt über die alte Fernstraße F 108.

In die Dauerbeschallung aus dem Kassettendeck mischen sich immer wieder dumpfe Geräusche von vorn links. Hört sich nicht gut an. Vielleicht ein ausgeschlagenes Radlager. Oder die Dreieckslenker. Es muss an den schlechten Landstraßen liegen hier im Osten, mit ihren Schlaglöchern und Verwerfungen, die den Transporter so klackern lassen. Aber Billy Joel ist lauter. Knut singt mit: „Joseph Stalin, Malenkov, Nasser and Prokofiev – Rockefeller, Campanella, Communist Bloc."

Hinten im Laderaum stapeln sich Pakete mit Durchschlagpapier, elektrische Schreibmaschinen, Kopiergeräte, Plakate und Methylan-Tapetenleim. Der klebt viel besser als der klumpige Zellleim aus der DDR, der zudem immer acht Stunden braucht, um zu quellen. So viel Zeit haben sie nicht. Knut verteilt das Material in hastig eingerichteten Parteibüros von Wismar bis Anklam. Sein Team unterstützt den Kandidaten der DSU, der Deutschen Sozialen Union. Stefan Gottschall heißt der Mann, Spitzname Stego. Ein Chemiker aus Rostock. Ohnehin scheinen alle gerade Parteien zu gründen. Sogar eine Deutsche Biertrinker Union, die DBU, steht auf der Liste. Ein Witz der Wendezeit. Aber jetzt geht es nicht um Witze, sondern um den Wechsel der Systeme. Die Wahl soll Ordnung hineinbringen in die politische Landschaft der sich auflösenden Deutschen Demokratischen Republik. Und die neue Ordnungsmacht regiert in Bonn. Helmut Kohl hat dort eine entscheidende Idee ausgebrütet: Seine „Allianz für Deutschland" bündelt ostdeutsche Kleinparteien, darunter die DSU, unter dem Slogan: „Nie wieder Sozialismus"! Schnelle Wiedervereinigung nur mit der CDU! Und Knut Splett-Henning, 19 Jahre alt, gerade dabei, sich auf das Abitur vorzubereiten und Mitglied der Jungen Union Pinneberg, rollt durch den Bezirk Rostock und verteilt Wahlkampfplakate. Knut empfindet die Umbruchszeit als „wahnsinnig spannend", und er ist dabei.

Der Transporter rollt durch verwunschene Gegenden. Nebel hängt in den Tälern der Peene, der Recknitz und der Trebel. Ofenqualm in trostlosen Straßendörfern. Braunkohlebriketts, Marke Rekord, liegen in großen Haufen hier und dort am Straßenrand. „We didn't start the fire", singt Billy Joel. „It was always burning – since the world's been turning", trällert Knut mit. Trafohäuschen, Litfaßsäulen, Strommasten, DDR-Eigenheime, alte Scheunen. Verblichene Losungen. Die „Unverbrüchliche Freundschaft zur Sowjetunion" überklebt Knut Splett-Henning mit dem Portrait von Stego, dem Kandidaten.

Knut kennt sich ganz gut aus im Nordosten. Seine Mutter kam in Ueckermünde zur Welt, während der Flucht seiner Großeltern aus Hinterpommern, im Januar 1945. Die Familie stammt aus Kolberg. Sein Vater wurde in Neustrelitz eingeschult. Es gibt Verwandte dort, auch in Greifswald und Stralsund. Oft ist die Familie Splett-Henning auf Besuchsreisen in der DDR. Klein Knut immer mit dabei. Aber 1990 ist Knut kein Kind mehr. Der junge Mann ist politisch und allgemein interessiert. Der gesamte Ostblock bricht gerade zusammen. Alles sehr aufregend. Mantel- und Degenzeit.

Die Karosserie des 309 D ächzt müde, als der Wagen über immer schmalere Dorfstraßen holpert. Alles grau drumherum. Verwaschene, farblose Plattenbauten neben gedrungenen Häusern, schiefe Dächer, schlimme LPG-Baracken. Selpin, Kossow, Groß Potrems. Knut klebt und fährt. Neu Heinde, Prebberede, Walkendorf. Knut lernt auf seinen Touren durch den alten Bezirk Rostock viele kleine Nester kennen. Und ihm fallen die typischen Dorfstrukturen auf, die sich oft um ein altes Herrenhaus herum gebildet haben. Knut wird neugierig.

An den Straßenrändern stehen große Haufen Sperrmüll. Die Leute kaufen sich Plastikstühle, die es jetzt gibt, für den Garten und schmeißen geschmiedete Stühle aus Stahl und mit Holz weg. Knut sammelt einige ein, hat ja genug Platz im Transporter. Auf seinen Touren findet er auch alte Spiel-Puppen aus Zelluloid, emaillierte Schilder, bedruckte jahrzehntealte Blechdosen und das eine oder andere alte Möbelstück. Bedeutet alles nichts mehr in der „neuen Zeit". Aber Knut liebt das Alte.

Und er kennt den Wert. Sein Vater ist ein umtriebiger Geschäftsmann, verdient als Immobilienunternehmer in Canada sein Geld und als Getreidehändler in Hamburg. Er spekuliert mit Warenterminkontrakten, ersteigert herrenlose Container im Hafen und betreibt ein bekanntes Handelshaus für Restposten und Gelegenheiten, die „Klostermühle".

Nebenbei, als eine Art Hobby, läuft noch ein kleiner Antikhandel. Mit seinem Vater ströperte Knut schon als Teenager in Westdeutschland über die Dörfer. Sie kauften alte Keramik, Kuriositäten und Biedermeiermöbel. Irgendwann fiel ihnen ein barocker Schrank in die Hände. Vierhundert Jahre alt. Ein wuchtiges, schweres Ding. Geschmiedete Beschläge. Bemaltes dunkles Eichenholz. Abgegriffen. Man spürte die Geschichte. Das hat etwas in ihm ausgelöst. Der Barock – für ihn neben dem Jugendstil die einzige für sich stehende

Stil-Richtung der neueren Zeit: Knut ist seitdem dabei, sich eine eigene Sammlung aufzubauen. Barock around the clock.

Am 17. März 1990, einen Tag vor der Wahl, geht seiner Truppe der Leim aus und der Elan. Zudem ist Kampagnenstopp, 24 Stunden vor dem Urnengang für die deutsche Einheit.

Knut tauscht wieder einmal D-Mark gegen Ostmark, am Hotel „Warnow" in Rostock. Dort, in den Arkaden unter der Bar „Newa", treffen sich die Geldhändler. Eins zu zehn. Knut muss noch tanken.

Frühstück in Kopenhagen

Das „D" beim 309 D steht für Diesel. Aber in der DDR gibt es Diesel nur für Lkw. 40 Pfennig Ost der Liter. An der Minol-Tankstelle Richtung Warnemünde tankt er voll. Umgerechnet für vier Pfennig West pro Liter. 50 Liter zwei Mark. Er grinst in sich hinein und versucht nicht allzu sehr zu kleckern mit der viel zu dicken Lkw-Zapfpistole. Und sieht plötzlich die beiden Tramper mit ihrem selbstgemalten Papp-Schild, auf dem „KOPENHAGEN", in Großbuchstaben, steht – Straßenmusiker aus Leipzig, die nach Dänemark wollten. Ein fragender Blick zwischen Knut und seinem Beifahrer Carsten Kempfert: Warum nicht? Sie haben nichts mehr vor. Können sich ein bisschen treiben lassen. „Dann fahren wir eben mal nach Kopenhagen und nehmen die Musiker mit", lautet die Entscheidung. Die Tramper sind glücklich und machen es sich im Laderaum zwischen den restlichen Plakatpaketen bequem. Im Autoradio läuft gerade „Joyride" von Roxette. Carsten Kempfert dreht laut, die Lautsprecher in den Türen des Transporter klirren: „I hit the road out of nowhere – I had to jump in my car", beide singen aus vollem Hals mit. Das passt ja so gut. Carsten ist großer Roxette-Fan. Er wird wenig später in Rostock eine eigene Autovermietung gründen: Joyride.

Der 309 D rollt in Warnemünde auf die „Knudshoved", die Fähre nach Gedser. Sie haben das Tape wieder ein Stück zurückgespult. Beim Aussteigen im Autodeck des Schiffs dröhnt Roxette noch einmal aus dem Wagen: „And it all begins where it ends." Am frühen Morgen kommt die bunte Gesellschaft in der dänischen Hauptstadt an. Frühstück im „Café Scala" gegenüber vom Tivoli. Kopenhagen!

Irgendwo im gigantischen undurchsichtigen Weltengetriebe knirscht es leise und macht klick. Eine vorerst unscheinbare Weiche in Knuts Lebenslauf wird an diesem Morgen umgelegt: Kopenhagen. Er war noch nie hier. Die dänische Sprache klingt drollig und kehlig. Aber alle können Englisch, die Dänen sind entspannt, die Stadt ist schön. Ihm gefällt es außerordentlich.

Sechs Jahre später ist Knut wieder in Kopenhagen, zum Studium diesmal. Politikwissenschaften. Zwischendurch hat er viel gearbeitet, war hier und dort unterwegs. In Dubai für die deutsche Wirtschaft, in Paris an einer Uni. Und in Kopenhagen auf einer Party bei Freunden sieht er das erste Mal diese Frau mit den blauen Haaren. Christina von Ahlefeldt-Laurvig. Aufgewachsen in einem schicken Vorort der Metropole, Spross eines dänisch-holsteinischen Adelsgeschlechts. Christina war gerade Frisurenmodell für Vidal Sassoon in London.

Ein Herrenhaus am Ende der Welt

Einige weitere Lebenswendungsweichen später, Ostern 2003. Knut pendelt mittlerweile zwischen Dänemark und Norddeutschland hin und her. Christina und er treffen sich irgendwann wieder, im Zentrum von Kopenhagen, der Indre By, in einer der angesagtesten Bars jener Zeit: „The Zoo", in der Kronprinsensgade. Christina erzählt ihm von London, von ihrer Arbeit dort, bei Harrods und Harvey Nichols. Private Shopping – Spezialabteilung für reiche Leute und Celebrities. Sie berichtet von ihren Begegnungen mit Vivienne Westwood und Lady D. Alles sehr aufregend.

Nach ein, zwei Gin & Tonic raunt Knut der jungen Gräfin zu, er hätte gerade, im letzten Herbst, ein Gutshaus gekauft. In Ostdeutschland. Auch sehr aufregend, aber mitten im Nirgendwo. Klick. Weiche gestellt.

Christina ist gespannt und neugierig. Die beiden fahren bei nächster Gelegenheit los nach Mecklenburg, mit der Fähre über die Ostsee, mit dem Auto Richtung Süden Richtung Teterow und dann, Abzweig Neu Heinde, nach Rensow. Das Katzenkopfpflaster der Straße rüttelt gnadenlos an den Stoßdämpfern ihres Wagens, als sie in das schmale Dorf zwischen Dalwitz und Prebberede einbiegen. Es wird schon dunkel, als sie genau auf das Gutshaus zufahren. Wie auf das Ende der Welt. Unscheinbar wirkt es erst. Grau, etwas schief – und ziemlich alt. Die Haustür steht offen. Im Obergeschoss hausen noch alte Bewohner. Zwei übriggebliebene DDR-Dorfexistenzen von der einstigen LPG Rensow. Beide sind sternhagelvoll.

Doch Christina kann sich sofort für das Haus begeistern, erkennt die barocke Bauform, den Atem der Geschichte. Unter dicken Farbschichten finden sich alte Tapeten. Sie beginnt sofort mit dem Abschleifen einer dreihundert Jahre alten Tür. Barfuß steht sie in Staub und Schutt. Knut schwärmt ihr von der Erdverbundenheit des Hauses vor: „Das Kellerfundament besteht aus Granitfindlingen der letzten Eiszeit, die Ziegel kommen aus lokalen Tongruben. Die wurden direkt im Dorf gebrannt. Handwerker von hier haben das Haus mit dem Material gebaut, das sie dem hiesigen Boden und den Wäldern entreißen

Gutshaus Rensow im Frühjahr 2013 – umgeben von einer alten englischen Parkanlage

konnten. Eichenholz aus dem Forst, Ton aus der Erde. Die gesamte Energie, die in diesem Haus steckt, stammt aus der Mecklenburger Scholle." Knut könnte stundenlang schwärmen. Christina ist hin und weg. Beide sind elektrisiert. Dieses Haus soll ihr Rückzugsort werden, beschließen sie, ihre Zufluchtsstätte vor dem anstrengenden Arbeitsleben in der lauten und nervenzerfetzenden Großstadt. Nur Christinas Mutter ist ganz und gar nicht begeistert. Von dem Projekt in dem nichtssagenden Dorf nicht, und auch nicht von dem jungen Mann, der da gerade mit ihrer Tochter durchbrennt.

Ab sofort pendeln beide hin und her über die Ostsee. Von Kopenhagen nach „Klein Siehste nich" – nach Rensow. Jeden Freitagabend nach der Arbeit. Erst die Fähre, dann die Fahrt. Aufbruchsstimmung im Gutshaus Rensow. Im Obergeschoss kullern die leeren Kornflaschen der letzten Bewohner über die Eichendielen. Unten heizen Knut und Christina den einzigen Ofen an. Einen Raum haben sie sich als provisorisches Schlafzimmer hergerichtet. Die durchdringende Kälte ist selbst im Sommer schlecht zu vertreiben aus dem Haus. In den Betten bauen sich während ihrer Abwesenheit jede Woche Mäuse ihre Nester neu. Die Bettdecken sind klamm und müssen am Ofen aufgewärmt und getrocknet werden. Immer in der ersten Nacht frieren sie sich, so Knut, „den Arsch ab". Aber dann folgen zwei Tage Schufterei im Haus. Wände raus, die nicht hineingehören, Fenster und Türen abschleifen. Fußböden freilegen. Tonnenweise bugsieren sie gammelige PVC-Beläge in die bereitgestellten Schuttcontainer. Jeden Sonntagabend ist das Haus einigermaßen warm. Jeden Montag früh um sechs legt die Fähre Richtung Gedser ab.

So geht das wochenlang und die beiden merken schnell: Allein schaffen sie es nicht. „Aber die Dänen kann man wunderbar mit Alkohol anlocken", sagt Christina und grinst. Freunde aus

Das barocke Guthaus Rensow 2012. Ansicht von Osten. Das Gebäude steht auf den Grundmauern einer wendischen Festung.

Seit 2015 hat das Guthaus ein ausgebautes Dachgeschoss. Dort wohnen Knut und Christina mit ihren drei Kindern.

Kopenhagen kommen jetzt immer öfter vorbei. Arbeiten und feiern. Es geht voran. Ein Sommerhaus auf dem Land. Das Leben ist schön.

Anfang November 2004 feiert Knut seinen 34. Geburtstag in Rensow. Eine Riesenparty. Sogar sein alter Schulfreund Sönke Johannsen ist gekommen. Und auch vierzig trinkfeste Kameraden aus Kopenhagen sind da. Die Sause dauert bis in den nächsten Tag. Sönke findet, dass Knut total spinne, mit so einem Riesenhaus: „Das würde ich mir nie antun," sagt er ihm noch in der Nacht. Morgens singen die Dänen draußen vor dem Haus. Der eine oder andere Joint ist wohl auch im Spiel. Ein Dorfbewohner ruft die Polizei. Die Beamten fahren mit ihrem weiß-grünen VW Passat Kombi vor und treffen auf eine desolate Frühschoppenrunde, in der nur dänisch gesprochen wird. Ein schwarzer Basketballspieler, zwei Meter groß, schnarcht nackt in einer Badewanne. Der Hausherr liegt im Bett. Schulfreund Sönke ist schon kopfschüttelnd abgereist. Und auch die Streife der Dorfpolizei aus Teterow fährt ratlos wieder davon.

Die Entdeckung des Familienwappens

Beim Ausnüchterungsspaziergang passiert es dann. Knut und Christina streifen durch die Gegend. Die frische, kalte Novemberluft tut gut. Durchatmen. Ausschreiten. Die Partynacht verflüchtigt sich langsam aus Kopf und Knochen. Im Nachbardorf Dalwitz werden die beiden auf ein altes Wappen aufmerksam. In Sandstein gehauen. Zerbrochen. Es lehnt an einem alten Pferdestall. Zwei Schilde sind zu sehen, dicht beieinander. Es zeigt die Heirat zwischen dem einen und dem anderen Adelsgeschlecht an. Links ein springendes Wildschwein, eine Basse! Und rechts davon entdeckt Christina ein ihr sehr bekanntes Symbol. Auf dem Wappenschild ist eine Vogelschwinge abgebildet, daneben vier waagerechte Streifen. Rot- weiß eigentlich, aber das hier ist Sandstein. Darüber, auf einer Krone, hockt ein wehrhafter Hund. Eine Bracke. Christina in ihrem charmanten gebrochenen Deutsch: „Das steht mein Wappen da!" Zu Hause werden sofort Bücher rausgeholt. Im Genealogischen Handbuch des Adels finden sie den Beweis. Die linke Seite ist das Wappen derer von Bassewitz. Die rechte Seite gehört zu Christinas Familie. Kurze Zeit später wissen sie. Die Angetraute hieß Adelheid Benedikte von Ahlefeldt. „Eine Schwester von meinem Urgroßvater Bendix", sagt Christina. „Die hat hier 1719 geheiratet."

Es ist nicht zu fassen. Christina von Ahlefeldt ist auf einmal wieder genau dort gelandet, wo schon eine Vorfahrin ihrer großen und weitverzweigten Familie lebte. Vor dreihundert Jahren, im Spätbarock. Der chaotische Fahrplan des Lebens hat Christina zurück an diesen Ort geführt. Beziehungsweise ein Glücksritter namens Knut. Barock 'n' Roll.

Bei nächster Gelegenheit fahren sie mit dem Auto im Nachbardörfchen vor und wuchten den viergeteilten Stein in ihren Kofferraum. Alter Familienbesitz. Das Wappen legen sie in ihr Gutshaus. In das Spukschloss – wie es im Dorf bei den Kindern heißt. „Es sind natürlich nicht nur Steine, die alles zusammenhalten", erklärt Knut die Begeisterung für den Fund. „Es ist die Geschichte, mit der wir hier leben und in der wir leben." Dann müssen sie zurück nach Kopenhagen. Arbeiten.

Das im Nachbardorf gefundene Sandsteinrelief mit dem Familienwappen beweist: In dieser Gegend haben auch Vorfahren Christina von Ahlefeldt-Laurvigs gelebt.

Mit Kerzen und Kanonenöfen gegen die Kälte

Die Pendelei kostet viel Nervenkraft und der Bau verschlingt Unsummen an Geld. Aber es geht voran im Rensow-Haus. Knut und Christina beschließen, ihren Wohnsitz komplett nach Mecklenburg zu verlegen. Sie richten sich fürs Erste in einem kleinen Teil des Erdgeschosses ein. „Wir haben Zeit", erkennen die beiden. „Der Weg ist das Ziel." Christina gibt ihren Job bei „Escada" in Kopenhagen auf, arbeitet stattdessen als freischaffende Designerin für das Grand-Hotel in Heiligendamm an der Ostsee und als Stylistin bei Werbeeinsätzen und Fotoshoots. Jeden Euro, den die beiden verdienen, und jede dänische Krone stecken sie in die Dauerbaustelle Rensow. Die beiden letzten Bewohner rumoren auch nicht mehr im Obergeschoss herum. Das Alter und der Alkohol haben sie dahingerafft. Und Knut ist inzwischen so klamm, dass er seinen alten Landrover mit Speiseöl statt Diesel betanken muss. Vierzig Eurocent die Literflasche – beim Aldi in Teterow. Es geht nur noch schleppend voran in Rensow.

Aber die Erde dreht sich weiter – und vor allem um sich selbst. Jahreszeiten wechseln sich ab. Entscheidungen fallen. In Dänemark treten neue, strengere Umweltbestimmungen in Kraft. Kleine gusseiserne Öfen stehen dort jetzt oft am Straßenrand. Verboten, ausgebaut. Uralte Kastenfenster aus Holz landen massenweise auf dem Sperrmüll. Nicht mehr zeitgemäß. Der Wärmedurchgangs-

„Gutshäuser sind immer kalt gewesen", sagt Hausherr Knut. Beheizt wird nur das Notwendigste. Ansonsten gilt: sich warm anziehen.

koeffizient ist zu schlecht. Knut und Christina, immer noch bestens vernetzt in Dänemark, erfahren davon, und müssen die immer noch brauchbaren Stücke nur einsammeln bei ihren Touren durch Sjælland, Lolland, Falster und Møn. Die praktischen Öfen sind schnell aufgestellt in Rensow und an die alten Schornsteinzüge angeschlossen. Denn die Sache mit den Jahreszeiten wird sehr real, wenn man in so einem Gutshaus lebt, das nur im Sommer aufblüht, mit offenen Fenstern und wehenden Gardinen, wenn Licht und Wärme durch die Räume strömen können und die dicken Wände und der Lehmputz die Energie der Sonne speichern – und nur quälend langsam die klamme Kälte aus dem Gemäuer weicht.

Aber die gleichbleibende Neigung der Erdachse sorgt dafür, dass irgendwann auch der Winter wieder näher rückt auf der Nordhalbkugel des Planeten. Dann wird auch das Gutshaus von Rensow in Mecklenburg langsam wieder kalt und kälter. Und dunkler.

Christina und Knut steuern gegen. Sie zaubert ständig irgendwelche dicken Altarkerzen hervor, die den ganzen Tag brennen und Licht und Wohligkeit spenden. Und er hat diese dänischen Eisen-Öfen in fast jedem Raum installiert. 30 Kubikmeter Holz verbrauchen sie jetzt im Winter. Aber nicht einmal die Hälfte vom Haus bekommen sie warm damit. „Das ist schon anders als manche Leute sich das vorstellen", sagt Knut. „Normale Häuser werden den ganzen Winter über beheizt. Aber wir ziehen uns auf ein, zwei Räumchen zurück und der Rest ist dann halt mal kalte Pracht. Da muss man denn auch ein bisschen ökonomisch sein, sich fragen: Brauche ich es jetzt wirklich abends noch mal ein, zwei Grad wärmer? Obwohl ich vielleicht gleich ins Bett gehe? Oder ziehe ich mir noch einen warmen Pullover an. Oder will ich wirklich noch mal nach draußen gehen in die kalte Nacht und mir ein bisschen Holz nachholen?"

Bei zwölf bis fünfzehn Grad Raumtemperatur helfen Decken, flauschige Lammfelle, Filz-

Holz hacken für den Ofen in der Küche. Der Rest des Hauses bleibt kalt. „Man kann 400 Quadratmeter Wohnfläche im Winter nicht auf 22 Grad heizen", meint Knut.

hausschuhe und dicke Wollstrickjacken. Rotwein auch. Oder heißer Tee. „Das Haus war schon immer kalt", weiß Knut aus Gesprächen mit den Nachfahren der Familie von Lowtzow, die das Anwesen einst besaßen. „Die haben früher oben im Flur Wasser ausgekippt und da drauf Schlittschuhbahnen angelegt, oder Schlitterbahnen. Das Haus war niemals warm. In unserer modernen Gesellschaft denkt man, dass jeder Raum 25 Grad haben muss. Alles Blödsinn. Aber wenn wir wollen, kriegen wir das Haus auch warm, dann läuft man jedoch wie ein Frettchen."

Knut und Christina heiraten 2006 – auf der Baustelle in Rensow. Schulfreund Sönke Johannsen schafft es diesmal nicht zur Party. Er hat gerade einen Job bei einer Pharmafirma angetreten, pendelt zwischen Zürich und Berlin. Keine Zeit. Und gerade keinen Bock auf Provinz. „Genau das ist doch der wahre Unterschied heutzutage", sagt Christina. „Es geht nicht um Ost-West, es geht um Stadt oder Land."

Ein Schulfreund fängt Feuer

Ein halbes Jahr später, es ist jetzt schon 2007, taucht Sönke Johannsen doch wieder auf in Rensow. Seinen Mercedes, metallic-silber mit Schweizer Kennzeichen, hatten Knut und Christina schon die Dorfstraße entlangfahren sehen. Direkt auf das Haus zu. Sönke steigt aus. Die zufallende Autotür produziert beim Anschlagen ein leises, aber sattes Plopp. Und währenddessen, ganz leise, ohne Plopp, fällt Sönkes Kinnlade herunter. Aha. Die wohnen hier ja schon richtig. Sein Erstaunen wächst weiter, als Christina ihn die knarzenden, eichenen Stufen der Haupttreppe hinaufführt. Das Obergeschoss ist fertig. Ferienwohnungen bringen Geld ins Haus. Gedeckte Farben, bizarre Deko, alte Möbel. Jedes Detail aufmerksam angeordnet. Hirsch-Geweihe an den dunkelgrün gestrichenen Wänden und ein ausgestopfter Adler im Sturzflug hängen im oberen Flur. Knorrige Hölzer wuchern aus einer alten Milchkanne. Verschrumpelte Rauchwürste vom Lamm baumeln an einer Latte aus Holz in einem leeren Schrank. Im nächsten Raum alte Ölschinken an rotbrauner Wand. Dicke Goldrahmen. Wuchtige Sitzgarnituren aus gestepptem Leder. Altersloses Gartenobst in Weckgläsern. Designerin Christina hat die Gestaltung im Griff. Das Innere des Hauses ist ein begehbares Kunstwerk. Eine Zeitreise.

„Da haben wir die große Flur hier oben", erklärt ihm Christina. „Und dann aus der Barockzeit den Festsaal. Etwas später um 1870 haben die dann unten gefeiert. Da wo jetzt unsere Küche ist."

Christina schwebt durch die Räume. Sönke beobachtet und analysiert. Er ist Manager in einem Konzern. Er lebt von der Analyse – und vom Kalkulieren. Christina hat hier eimerweise den Schutt herausgeschleppt. Es wurde gefeiert, gefroren, gelitten. Aber es hat sich gelohnt. Denn jetzt lebt die kleine Familie schon in und von ihrem Haus. Er rechnet. Alles hängt zusammen. So wie früher. Und es funktioniert. Sönke staunt. Christina spricht: „Ich bin stolz, dass wir haben

Räume voller antikem Mobiliar und mit aufmerksam platzierten Einzelstücken: Gutshaus Rensow wird gern als Foto-Kulisse von Werbeagenturen gebucht.

Links: Die Arbeitsecke des Hausherrn. An einem winzigen Sekretär, mit Laptop und Telefon, verbringt Knut Splett-Henning viele Stunden.

Rechts: Jeder Raum hat seinen eigenen Charakter, ist durchdacht – und wirkt kein bisschen gekünstelt.

die Möglichkeit, dieses Kulturerbe hier zu zeigen. Wir sind ein Teil der Geschichte von vielleicht vierzig Jahren, und dann sind wir wieder weg. Und dann noch das mit meinen Vorfahren. Hier zu wohnen, das ist doch toll", schwärmt sie. „Es ist viel Arbeit, aber wir genießen das. Es macht wahnsinnig viel Spaß."

Im Obergeschoss kann der Blick weit schweifen. Durch geöffnete Flügeltüren ist die gesamte Achse des Hauses zu sehen. Nichts stört das ästhetische Empfinden. Alles unaufdringlich erhaben. Durch die alten Fenster ist das weite Mecklenburger Land zu sehen. Sönke spürt die Kälte im Haus kaum noch, Christinas Stimme wird immer leiser in seinen Ohren. Er hört gar nicht mehr richtig zu. Eine ganz bestimmte Region von Sönke Johannsens Gehirn, der seitliche präfrontale Kortex, wie ihn die Mediziner nennen, ist aktiv geworden. Das Konfliktzentrum, wo das Verlangen entsteht. Ein Wunsch macht sich dort langsam breit. Achte auf deine Gedanken, heißt es im Talmud, denn sie werden Worte. Achte auf deine Worte, denn sie werden Taten.

Als Christinas Tour durchs Haus unten bei Knut in der nicht weniger anheimelnden Küche endet, sagt Sönke: „Wisst ihr was? So ein Gutshaus will ich auch!" Knut grinst ihn an: „Dann lass uns doch gleich morgen mal ein bisschen umherfahren." Er zieht den Korken aus einer guten Flasche Rotwein. „Wir finden bestimmt was für dich. Und nächsten Freitag ist in Güstrow wieder Grundstücksauktion." Zum Wohl. Die Gläser klingen. Es wird gelacht und gesponnen in der Rensower Guthausküche. Und eine Lebenswegweiche macht wieder leise Klick. Diesmal bei Schulfreund Sönke Johannsen. Achte auf deine Gedanken!

Aber es ist alles nicht so einfach. „Denn wenn es einfach wäre", sagen die schottischen Fischer auf den Äußeren Hebriden, „dann würden alte Frauen in Badewannen aufs Meer hinausrudern und die Fische fangen."

Knut und Christina müssen wieder mal tief in die Tasche greifen und ihrem Haus Rensow eine Gasheizung spendieren. Wenigstens in einem Teil des Erdgeschosses. Für die Grundtemperatur. Weil sie etwas mehr Wärme brauchen. Denn Tochter Vilhelmine wird geboren. Das einst fast verlassene und vergessene Spukschloss füllt sich wieder mit neuem Leben. Das fröhliche Baby krabbelt und brabbelt. Ihre Eltern bauen und pendeln. Kopenhagen, Hamburg, Rensow. Sie verbringen immer mehr Zeit in Mecklenburg, aber können ihre Jobs in der Stadt noch nicht aufgeben. Das Leben wird immer anstrengender. 2009 ist der erste Geburtstag von Vilhelmine. Vater Knut ist nicht dabei, sondern irgendwo auf Achse: Wichtige Dienstreise für seinen Arbeitgeber, ein dänisches Handelsunternehmen in Hamburg. 2010 wird Sohn Bendix geboren, benannt nach Christina von Ahlefeldts Urgroßvater. Ein Porträt des distinguierten Dänen in Öl, das einen blassen Mann zeigt, mit weichem Gesicht und langen weißen Locken, hängen Knut und Christina in Rensow auf – in der Zeit, als sie das erste Mal versuchen, dauerhaft hier zu leben. Knut beantragt Elterngeld und kümmert sich um Haus und Kinder. Christina jobbt als Designerin. So könnte es klappen.

Nebenbei wächst auch das Internet zu einer Vermarktungsmaschine für jedermann heran.

Familie mit Auslauf: Die Kinder Vilhelmine, Bendix und Balthasar spielen mit der dänischen Dogge Triglaf.

Die junge Familie auf dem weiten Land erkennt die Chance: Sie beginnen Wohnungen und Zimmer in ihrem Gutshaus online anzubieten. Als Ausspanne für genervte Großstädter. Für Leute, die mal was anderes wollen als in einer Bettenburg an der See zu wohnen. Aber es reicht noch nicht zum Leben. Dann hört auch die Elternzeit auf. Knut braucht wieder einen Job.

Er stellt sich bei einer Consulting Firma vor in Berlin. Alles passt. Dem CEO gefällt der wieselflinke und eloquente Knut Splett-Henning. Weltgewandt, mehrsprachig, rechnen kann er auch. In dem Gespräch schwärmt der Bewerber, 30 Jahre alt, von Rensow, dem Leben auf dem Land, der Liebe zum Barock und dem uralten Gutshaus.

Sein Gegenüber schaut ihm nachdenklich in die Augen und sagt: „Ich würde sie vom Fleck weg einstellen. Aber wissen sie was? Bei ihnen habe ich das Gefühl, dass sie nach ein zwei Jahren sowieso

Viel geschafft in knapp 20 Jahren: Knut und Christina haben Rensow zu dem Mittelpunkt der Gutshausretterszene in Mecklenburg gemacht.

***Es muss um 800 nach Christus sein**, als im heutigen Rensow eine Befestigungsanlage entsteht. Wer hier sich gegen wen verschanzt, wird im Dunkel der Geschichte versinken.*
Vor 1445 besitzt die Familie Brützekow oder Britschow das Gut. Wahrscheinlich kommt es dann durch Erbfolge an die Familie von Bülow. 1609 erwirbt Elner von Lowtzow aus Levitzow das Gut nebst Dorf.
Friedrich von Lowtzow lässt das heutige Gutshaus, wohl um das Jahr 1690, auf älteren, mittelalterlichen Gewölbekellern errichten. Die beiden Flügel des Gebäudes werden Mitte des 18. Jahrhunderts verlängert, das Anwesen erhält acht weitere Räume. Große Teile des Gutshauses, das ursprünglich in einer Fachwerkstruktur errichtet wurde, werden um 1850 mit solidem Mauerwerk versehen. Teile des Fachwerkes sind an den Flügeln der Ostseite jedoch bis heute zu sehen.
Weitere Besitzer von Haus Rensow sind Karl Dietrich von Lowtzow (1686–1769), Friedrich Wilhelm von Lowtzow (1712–1776), August Friedrich von Lowtzow (1749–1820), Adolf von Lowtzow (1798–1885), Adolph von Lowtzow (1855–1934) und Werner von Lowtzow (1891–1970).
Die Familie von Lowtzow wird 1945 enteignet und vertrieben, Gut und Dorf werden voneinander getrennt. Das Gut wird im Zuge der Bodenreform aufgeteilt, das Gutshaus als Wohnraum für Landarbeiter und als Kantine genutzt.
1990 trennt man das Gutshaus von der Landwirtschaft ab. Es geht in den Besitz der Gemeinde über. Etwa fünf Jahre später ist das Haus weitgehend unbewohnt. Verfall, Vandalismus und Müllablagerungen in den Räumen und Kellern setzten dem Gebäude zu.
Seit 2003 sind Knut Splett-Henning und Christina von Ahlefeldt-Laurvig die Eigentümer des Anwesens. Sie haben es zum Lebensmittelpunkt ihrer Familie gemacht und vermieten mehrere großzügige Ferienwohnungen im Gutshaus, aber auch in der Alten Schule des Dorfes.

weiterziehen." Knut sinkt der Mut. Kommt jetzt die Absage? „Sie sind nicht der Typ Wasserträger, der jahrelang anderen dienen kann. Sie haben ein tolles Projekt da draußen in Rensow mit ihrem Haus. Das ist doch viel besser, als sich hier in der Stadt im Hamsterrad verheizen zu lassen. Zerreißen sie sich nicht. Kümmern sie sich um das Haus und versuchen sie davon zu leben. Sie schaffen das!"

Maradona hat geholfen

Sönke und Adriana Acosta de Johannsen
auf DERSENTIN

Zwei Schulfreunde aus Pinneberg

Das kleine handgefertigte Holzhämmerchen saust nieder auf einen kreisrunden handgefertigten Block aus gedrechselter Buche – „… uuund zum Dritten!“ Die Amtsrichterin, die die Zwangsversteigerung leitet, legt das Hämmerchen beiseite. Der Saal ist nur halbvoll. Vielleicht dreißig Interessierte sind da. Einige Pärchen blättern lässig im Immobilien-Katalog des Güstrower Amtsblattes und suchen schon das nächste Schnäppchen heraus. Ein junger blonder Mann schaut erstaunt nach vorne. „Der Herr dort hinten in der zweiten Reihe“, ruft die Frau im hellgrauen Businesskostüm in den Saal. „Herrenhaus Dersentin – Zuschlag erteilt.“

Sönke Johannsen, so heißt der Gewinner dieser Auktionsrunde, ist jetzt 70000 Euro ärmer und wird in den kommenden Jahren um viele Erfahrungen reicher werden. Neben ihm sitzt sein alter Schulfreund Knut-Splett Henning, der schon seit vier Jahren sein Gutshaus in Rensow schonend und schön saniert. Knut grinst. Sönke weiß noch nicht so recht. Er wollte nur eine Datsche auf dem Land. Zum Runterkommen, zum Basteln und für die Bodenständigkeit. Jetzt hat er ein Schloss, dreimal so groß wie das Haus seines Freundes – und ein drei Hektar großes Grundstück. „Ich bin dazu gekommen wie die Jungfrau zum Kind“, wird er später zu diesem Nachmittag in Güstrow sagen. Oder: „Ich hatte den Arm etwas zu lange oben, da war es schon passiert.“ Oder: „Pro Woche bereue ich den Kauf einmal, ich freue mich aber auch sechsmal pro Woche über unser Gutshaus.“ Und: Das zeige doch ein gutes Verhältnis von Freud und Leid. Eins zu sechs für die Freude.

Der Einstandspreis für die imposante Immobilie, der Sönke überhaupt erst nach Güstrow ins Amtsgericht gelockt hatte, lag nämlich um ein Vielfaches niedriger. Das Gutachten über den Verkehrswert wies nur den symbolischen Preis von einem Euro aus. Dennoch gab es in der Schlussphase der Versteigerung ein Kopf an Kopf Rennen mit einer anderen Bieterin. Ebenfalls eine Schulkameradin aus der Gymnasialzeit. Aber Sönke Johannsen ist kein Verlierertyp. Auch nicht bei einer Auktion.

Zwei Tage vor der Versteigerung haben sich Knut und Sönke das Herrenhaus von Dersentin das erste Mal angeschaut. Allein die Anfahrt ein Traum. Lieblich geschwungene Mecklenburger Endmoräne. Äcker und Wälder wechseln sich ab, hier und da ein Gehöft. Als wäre alles von einem allmächtigen Bühnenbildner choreografiert worden. Kurz vor Dersentin endlose Obstbaumalleen und eine himmlische Ruhe. Sommerferien bei Oma auf dem Dorf. Was für ein Frieden. Und dann erst das Schloss: Ein Riesending mit altem englischen Park. Vollkeller, zwei Etagen, Dachgeschoss. Spätklassizismus. Zu DDR-Zeiten neu verputzt wie ein sozialistischer Wohnblock, der wertvolle Park völlig zugemüllt und mit mannshohem Gestrüpp bewachsen. Knut hat vor dem gewaltigen Haus gestanden, seinen Kumpel angestrahlt und gesagt: „In die Hütte kannst Du doch morgen einziehen! Die meisten Fenster sind heil. Öfen auch. Was willst Du mehr!“ Und Sönke war ganz kribbelig. Er hat ja bei Knut in Rensow erlebt, wie das sein kann mit so einem Gutshaus mitten in Mecklenburg.

Das Schicksal verbindet die beiden Jungs aus dem Hamburger Umland seit ihrer Schulzeit. Und der Osten. In der Pinneberger Fußgängerzone verteilen Knut und Sönke im Sommer 1989 Hundertmarkscheine an die ersten DDR-Flüchtlinge, die aus Prag ankommen oder über Ungarn abgehauen sind. Begrüßungsgeld in der freien Welt. Knut Splett-Henning und Sönke Johannsen haben gerade ihr Abitur gemacht im Gymnasium „Kieler Straße“ in Hamburg und sind kurz davor, in die Welt hinauszuziehen. Da zerbröselt der deutsche Nachbarstaat und die Abenteuer warten direkt vor der eigenen Tür. Die beiden gehören fortan zu einer Gruppe von Unterstützern, die regelmäßig 200 Kilometer ostwärts nach Neustrelitz reisen und dort Desinfektions- und Anästhesiematerialien für ein Militärlazarett der Sowjetarmee abliefern. Eine euphorische Spendenaktion. Der Kalte Krieg ist vorbei. Der Eiserne Vorhang Geschichte. Wind of Change dudelt im Radio. Eine Band aus Hannover. Und

Zwei Schulfreunde, die sich nie aus den Augen verloren haben: Sönke Johannsen und Knut Splett-Henning in dessen Pariser Studentenbude

zwei Zwanzigjährige aus Pinneberg strahlen in eine Kamera, die im großen Saal der Russenkaserne Neustrelitz Fotos macht. Der Kommandeur hält eine Rede. Ein paar Dutzend Sowjetsoldaten in ihren ulkigen Ausgangsuniformen mit den wagenradgroßen Tellermützen sitzen artig in den Reihen. Dazwischen Knut und Sönke mit ihrer Spendenaktionstruppe. Alle gucken ernst. Der Wind of change weht durch die Gedanken. Und der Hauch der Geschichte.

Die Zustände in der Kaserne sind katastrophal. Das Lazarett ist überfüllt. Die sogenannte „Gruppe der sowjetischen Streitkräfte in Deutschland" ist jetzt überflüssig geworden. Zehntausende Soldaten warten lethargisch auf den Rücktransport ins Heimatland, der sich über Jahre hinziehen wird. Knut und Sönke lernen den tieferen Osten Deutschlands kennen. Sie sind politisch interessiert und beobachten aufmerksam.

Auf den langen Fahrten über Land fallen ihnen die typischen DDR-Dörfer auf. Schmutziggraue Baracken, Garagen, Schuppen und Hallen der Landwirtschaftlichen Produktionsgenossenschaften am Ortsrand. Kastige, grob verputzte Wohnblocks, mitten hinein betoniert in alte Dorfstrukturen. Dazwischen aber immer wieder alte und sehr alte große Herrenhäuser, Schlösser und Gutsanlagen – umfunktioniert zu Kindergärten oder Gemeindeschwesterstationen, zu Konsumläden, Dorfkneipen und sozialistischen Kulturhäusern.

Sönke Johannsen zieht nach diesen Ost-Expeditionen weiter in die Welt hinaus. Er studiert in Frankreich, Spanien und Hamburg. Er findet schnell Arbeit als Projektmanager in der Biopharmabranche. Die führt ihn in die USA und vor allem nach Südamerika.

Im Jahr 2002 lernt Sönke Johannsen dort auf einer Hochzeitsfeier im argentinischen Córdoba eine anmutige junge Frau kennen: Adriana Acosta, damals 26 Jahre alt, aus der Provinz Tucumán. Verliebt!

Ein Gutshaus wird zur Estancia

Verloren wirken Sönke und Adriana Acosta de Johannsen zehn Jahre später vor ihrem gewaltigen Haus in Dersentin. Es ist rundherum eingerüstet. Schon vier Wochen länger als geplant. Das Nachtragsangebot für die Standzeitverlängerung liegt gerade in der Post. Wieder ein paar tausend Euro weg. Ungeplant! Baustellensorgen. Vom Nachbargrundstück weht ein leiser Güllegeruch herüber. Hinter einer zusammengefallenen Scheune mästet ein sauerländischer Landwirt sechzehntausend Puten in einem alten LPG-Stall.

Es dämmert schon früh am Nachmittag, jetzt, im späten November 2012. Ein feuchter Wind weht. Adriana hat eine dicke Daunenjacke an und hält ein großes rundes Schild in ihren Händen. Sie klammert sich daran fest. Das Schild gibt ihr Halt. Es stammt aus der Heimat. Die dunkelrote Silhouette eines Gauchos ist auf der Scheibe abgebildet, auf weißem Grund – ein Reiter auf einem wilden, sich aufbäumenden Pferd. Ein Motiv aus der argentinischen Pampa. Drumherum der Schriftzug „La Dersentina". Ein Logo für den Gutshaus-Giebel. Das soll jetzt ran! Adrianas Bruder Alejandro kommt dazu. Er ist seit einiger Zeit der Hausmeister von Dersentin. Wohnt hier, hütet das Haus, baut und hilft. Eine Diskussion entbrennt, wie das Schild angebracht werden soll. Adriana kräuselt die Stirn: „Das Pferd muss aufrecht stehen, oder!?"

„La Dersentina" – das Gutshaus soll wie eine argentinische Estancia heißen. Damit bei Adriana und Bruder Alejandro wenigstens ein bisschen Heimatgefühl aufkommt hier in der Fremde. Obwohl Adriana oft sagt, dass sie die Landschaft Mecklenburgs sehr an ihre Heimat erinnere. Die Weite. Und die Ruhe.

Die drei krabbeln das Gerüst hinauf, fünf Etagen. Die Aluminiumleitern quietschen und klappern hohl. Die Laufflächen sind glitschig. In fünfzehn Metern Höhe prangt auf dem Mittelrisalit

Klotzen und nicht kleckern: Einige hundert Quadratmeter Fassade werden in Dersentin saniert, für den Wert eines Einfamilienhauses.

des Hauses ein kleiner Extra-Ziergiebel im griechischen Stil mit einer kreisrunden Aussparung. Da soll das neue Wappen hinein. Es ist die Anfertigung eines argentinischen Designers aus Adrianas Heimat Tucumán. Sönke schwingt eine Tube Montagekleber, Alejandro summt leise ein Lied vor sich hin. Adriana ist glücklich mit ihrem Schild. Sie drückt die runde wagenradgroße Plakette an die frischverputzte Fassade.

Argentinische Pampa und mecklenburgische Provinz verschmelzen im neuen Symbol des Hauses.

Sommerfrische in Mecklenburg

Es gab schon Zeiten in den Jahren seit 2007, da hat Adriana das Haus gehasst. Die nasse Kälte, den ständigen Schmutz, den nervtötenden Bau-Lärm. Aber jetzt geht es ihr besser. „Ich mag das Haus", sagt sie.

Mittlerweile ist es stockfinster. Die drei klettern vom Gerüst und steigen anschließend die große Freitreppe zum Hauseingang hinauf. Zwölf Stufen, fünf Meter breit, führen zu einem Porticus, der auf vier ionischen Säulen ruht. Aber die Treppe hat einen durchgehenden Riss. Die Stufen sind gebrochen, liegen schief. Als hätte ein gewaltiges Untier hineingebissen. „Da sind die Russen damals bei Kriegsende mit einem Panzer draufgefahren", weiß Sönke. „Wahrscheinlich war Wodka im Spiel."

Oder es lag an der Farbe. Denn das Herrenhaus Dersentin trug in den letzten Kriegsjahren einen Tarnanstrich. Grün, braun, grau gefleckt. Carmouflage. Die Eigentümer hatten Angst, dass das helle und auffallend große Haus den Bombenschützen der amerikanischen und britischen Flugzeuge auffallen und angegriffen werden könnte. Es sollte unsichtbar werden und unscheinbar wirken. Denn der nahegelegene Eisenbahnknotenpunkt Lalendorf, an dem sich die Trassen Stettin–Lübeck und Rostock–Berlin kreuzten, war eigentlich von strategischer Bedeutung. Es fielen aber keine Bomben auf Lalendorf und auch nicht auf Dersentin.

Nur für die anrückenden Bodentruppen der Sowjetarmee wirkte der gewaltige tarnfarbene Klotz wohl wie ein geheimes Objekt der deutschen Wehrmacht. Und sie wollten es angreifen – wer weiß?!

Die Treppe trägt jedenfalls seit 75 Jahren die Narbe eines russischen T-34 Panzers, der auch das imposante Torhaus einfach umfuhr.

Bis dahin ging es immer recht friedlich zu in Dersentin. Die letzten Eigentümer waren wie viele andere Gutsbesitzer schon in den zwanziger Jahren gezwungen, sich Gedanken zu machen. Die Weltwirtschaftskrise stürzte nicht nur Banker, Industrielle und Kleinsparer ins Elend. Es war auch die Landwirtschaft in Mecklenburg, die litt. An den internationalen Börsen platzen millionenschwere Terminkontrakte für Weizen, Gerste, Kartoffeln oder Fleisch. Ganze Ernten, die schon im Winter vorfristig verkauft waren, wurden plötzlich nicht mehr bezahlt. Viele Güter gingen daran zugrunde. In Dersentin begann man deshalb ab 1920, Feriengäste im Haus unterzubringen. Sommerfrische in Mecklenburg – eine dringend benötigte Nebeneinnahme für die gebeutelte Gutsfamilie.

Auch Sönke und Adriana wollen das Haus teilweise vermieten. Sie müssen. Anders ist der Kasten nicht zu halten.

Doch wie macht man das mit 1500 Quadratmetern Geschossflächen und einem Keller, in dem einst Vorräte für all die Menschen gelagert wurden, die auf einem mehr als 800 Hektar großen Gut beschäftigt waren. Wie soll man einen englischen Landschaftspark in Ordnung halten und nutzen, der vor 150 Jahren von mehreren gutseigenen Gärtnern gepflegt wurde. Zumal dem Haus das Land genommen wurde. Die Bodenreform 1945/46 zerschlug die jahrhundertelang gewachsenen gutsdörflichen Strukturen und damit auch die Lebensfähigkeit der Gutsbetriebe mit ihren großen Wohnhäusern.

„Als ich das erste Mal hier war, kamen mir die Dimensionen des Gebäudes fast unheimlich vor. Wir wussten am Anfang wirklich nicht, was wir aus dem Haus machen sollten", sagt Adriana Acosta de Johannsen. Und Sönke ergänzt grinsend: „Hinten in dem großen Park wucherte Gestrüpp, das war bestimmt einen Meter fünfzig hoch. Ich habe erst mal jemanden aus dem Dorf gebeten, dass der mit seinem Traktor kommt und das alles abmäht. Dann haben wir ein paar Jahre gebraucht, bis der Rasen so ausah wie er jetzt aussieht. Und ganz ehrlich, das erste Mal, als ich nach Dersentin kam, war in der Ecke hier, wo ich jetzt stehe, das Freiluft-Klo. Drinnen gab es ja keins. Vielleicht wächst heute der Rasen an dieser Stelle deshalb so besonders grün und saftig."

Adriana und Sönke hatten gleich nach dem Kauf Kontakt aufgenommen zu Studenten der Universität Rostock. Sönke kannte so etwas ja aus der Welt der Pharmaindustrie: Wirtschaft trifft Hochschule. Drittmittelprojekt. Gemeinsam diskutierten die neuen Dersentiner Gutsleute mit den angehenden Landschaftsplanern und Marketingmagistern diverse Ideen. Der Witz die-

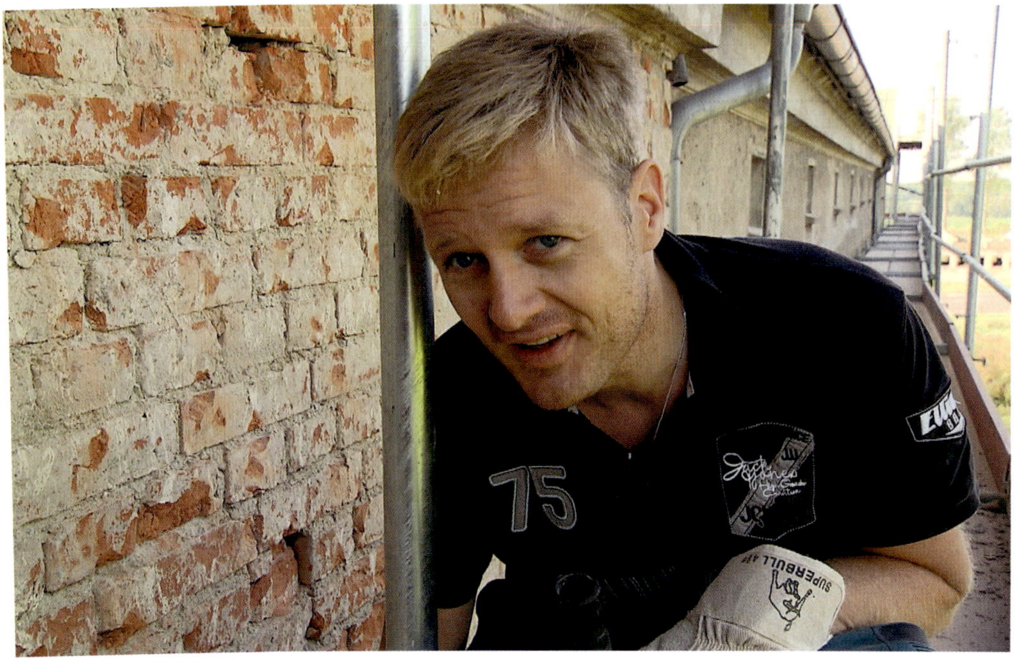

Kam zu seinem Gutshaus wie die Jungfrau zum Kind: Manager Sönke Johannsen auf der Baustelle in Dersentin im Spätsommer 2012.

ser Wirtschaftlichkeitsüberlegungen: Gerade die Größe des Hauses, der weitläufige englische Park und der hohe, helle Ballsaal mit Blick in den Garten sind eine Art Alleinstellungsmerkmal. Also: Auch Vermarktung gleich im richtig großen Stil. Für Hochzeitsgesellschaften, Jubiläumsfeiern und Geburtstagspartys mit Übernachtungsoption. Rauschende Feste, grandiose Bälle. Das einprägsame Logo „La Dersentina" soll jetzt dabei helfen. Und natürlich die herrschaftliche Fassade in Hellgelb, mit schneeweiß abgesetzten Faschen und Gesimsen.

Als die turmhoch mit Stangen, Planken und Leitern bepackten Lastwagen der Gerüstbauer viele Wochen später ächzend vom Grundstück schaukeln, strahlt das Haus wie ein Scheinwerfer in den Mecklenburger Dezember. Ein Statement. Wie es Sönke gefällt.

Man kann daran auch pleitegehen

Allerdings plagen den Bauherrn nach der aufwändigen Fassadensanierung einige Sorgen, von denen Adriana noch gar nichts weiß. Das Haus hat sich bewegt in den letzten Jahrzehnten. Unten im Keller kann man es deutlich sehen. In DDR-Zeiten wurden zu viele tragende Wände entfernt, sogar im Keller. Zwei Gewölbedecken werden wohl nicht mehr lange halten, vermutet der neue Hausherr. Mit einer Stirnlampe auf dem Kopf steigt er die Kellertreppe hinab wie ein Höhlenforscher. Ein langer zentraler Gang führt unter dem ganzen Haus entlang. An den Seiten gehen düstere Räume ab. Ein gewaltiges Gemäuer, auch hier unten. Aber ganz hinten links lauert großes Ungemach. Sönke dreht an einem rabenschwarzen, uralten Bakelit-Lichtschalter. Eine nackte Vierzig-Watt-Glühbirne funzelt gelbliches Licht durch

Großer Keller mit großen Problemen: Die Gewölbedecke droht einzustürzen.

den Raum. Auf dem Fußboden liegt ein Haufen Ziegelsteine. In der Decke gähnt ein hässliches, ausgefranstes Loch. Das Gewölbe drumherum hat Risse. Sönke hat Sorgen.

„Da oben haben wir Riesen-Probleme", er wirft den Kopf in den Nacken und leuchtet mit seinem Stirnstrahler an die Kellerdecke. Das LED-Licht schneidet unbarmherzig durch die Dunkelheit und zeigt schonungslos die Wahrheit. „Hier ist die Wölbung kaputt." Wenn hier noch mehr einstürzt, hätte Sönke Johannsen Folgekosten ohne Ende. Weitere ungeplante Ausgaben kann er nicht stemmen. Doch der Manager in ihm kalkuliert ganz kühl: „Man muss auch in Erwägung ziehen, dass man pleitegehen kann. Natürlich hat man gut und langfristig zu planen. Aber in so einem Haus muss ich auch offen sein für Überraschungen. Ich muss gelassen sein, Geduld haben, wie bei der langwierigen Forschung im medizinischen Bereich. Sönke schaut noch einmal an die gerissene Kellerdecke. Im Licht seiner Stirnlampe glänzt eine staubige Spinnwebe. Er scharrt mit seinen Bauschuhen auf dem bröseligen Boden und sagt nachdenklich: „Dieses Haus werden wir niemals in zwei Jahren fertigkriegen. Niemals."

Zwei Jahre später strahlt das Herrenhaus Dersentin mit Fassade, gepflegtem Park und wieder hergestellter herrschaftlicher Auffahrt. Ein schmiedeeisernes verschnörkeltes Tor, das von einem argentinischen Falklandkriegveteranen angefertigt wurde, öffnet sich zu einem langen Kiesweg, der die Schritte der anreisenden Besucher vornehm knirschen lässt. Oder die Reifen der Autos, die hier anrollen. Sechs Magnolien bilden ein spärliches Spalier – das erst noch zu einer kleinen Allee reifen möchte.

Riesenparty mit Baby und Heizung

Fünf Jahre später, 2017, gibt es auf „La Dersentina" ein großes Fest. Der Saal hat einen neuen Parkettfußboden bekommen. Tische sind weiß eingedeckt. Die Familien von Sönke und Adriana sind gekommen. Brüder, Väter, Mütter. Eine Tante aus Mexiko, eine Freundin aus New York. Eine illustre internationale Gesellschaft. Sönke Johannsen läuft mit einem iPad durchs Haus und überprüft die korrekte Zimmerbelegung. Alles digital. Die Ferienwohnungen im Obergeschoss heißen „Cordoba", „Mendoza" oder „Grand Buenos Aires". Eine Band baut auf. Freunde füllen Luftballons mit Helium. Über 60 Leute werden erwartet – aus der ganzen Welt. Denn es gibt etwas Großes zu feiern. Beziehungsweise etwas Kleines. Sönke und Adriana haben ein Baby bekommen: Constantine – mittlerweile ein halbes Jahr alt.

Adriana Acosta war sich anfangs nicht sicher, wie das werden würde mit Sönke als Vater. Als Latina ist sie in einem Land des Machismo groß

Nachwuchs im Schloss. Jetzt dreht sich Sönkes und Adrianas Leben nicht mehr allein um die Baustelle.

geworden, wo Männer nur Männer sind und sonst gar nichts. Und Babys ausschließlich eine Frauenangelegenheit. Sie ist sichtlich erleichtert, als sie neben Sönke steht, der Constantine liebevoll auf dem Arm hält: „Sönke ist ein toller Vater", schwärmt die Argentinierin. „Das hat mich wirklich sehr überrascht. Sönke hat alles gemacht, was ich mir wünschte. Windeln wechseln, aufpassen, wenn sie schläft, Milch aus der Flasche geben. Und er spielt sogar mit ihr. Er redet deutsch mit ihr, ich spanisch. Das ist unsere Abmachung. Ich muss immer spanisch sprechen mit der Kleinen."

Eine Zeitenwende im Haus Acosta de Johannsen. Denn jetzt dreht sich nicht mehr alles nur um das Gutshaus-Projekt, sondern auch um Constantine. Aber das Herrenhaus ist inzwischen ohnehin fast fertig – und wird von den Besitzern im Sommer erfolgreich an Feier- und Feriengäste vermietet.

Sogar das wahrscheinlich am schwersten lösbare Problem der neuen Gutshausbesitzer landauf, landab hat Sönke einigermaßen in den Griff bekommen: Wie heize ich 2000 Quadratmeter Geschossfläche, ohne dass die Brennstoffkosten mich in den Ruin treiben?

Die Lösung steht seit Neuestem im weitläufigen Keller des Hauses, in dem es vor ein paar Jahren noch nass war, sich die Ratten tummelten. Jetzt befindet sich hier die neueste Großinvestition von Sönke und Adriana: eine Holzpelletheizung. 100 Kilowatt Leistung. Klimaneutral und mit Internetanschluss.

15 Tonnen Holzpellets, so groß wie Erdnussflips, lagern in einem Nebenraum. 15 Tonnen „Elefantenpopel". Eine Förderschnecke transportiert die Pellets in kleinen Portionen auf einen Drehteller. Der schleudert sie in den Brennraum. Zwei riesige Pufferbehälter mit jeweils 2000 Litern Was-

Noch ein Baby: Der vollautomatisierte Holzpelletskessel mit doppeltem Pufferspeicher und Solarkollektor.

ser speichern die Wärme. Eine hocheffiziente Heizanlage.

„Schweineteuer!", strahlt Sönke. „Dafür hätte man sich locker drei Mittelklassewagen kaufen können ... oder noch zwei Gutshäuser." Er rechnet viel, viel mehr als die anderen Gutshausretter, die es oft einfach laufen lassen, wie es kommt. Aber Sönke könnte so nicht leben. Er muss den Preis wissen und wo er vielleicht etwas sparen kann. „Die Anlage hat sehr viel Geld gekostet", sagt er. „Ich habe dafür einen eigenen Kredit aufgenommen, den werde ich noch viele Jahre abstottern müssen. Aber ich glaube, die Investition war's wert." Er tippt auf dem Multifunktionsdisplay des Hightech-Heizkessels auf Start. Der Juni 2017 kommt ungewohnt kühl daher und die Partygesellschaft oben im Haus ist zum großen Teil aus dem heißen Spanien, dem sonnenverwöhnten Mexiko und aus Argentinien angereist. Die südamerikanischen Gäste fröstelt es etwas im zugigen Ballsaal. Sönke will ihnen zeigen, dass er das Riesenhaus in den Griff bekommen hat. Dass es schön ist in Mecklenburg, auch wenn der Sommer nasskalt und verregnet ist.

Die Förderschnecke für die Holzpellets fängt an zu sirren. Ein Magnetventil klackt leise und der Brenner zündet. Gebläse pfeifen dezent. Sönke tritt zufrieden einen Schritt zurück und hebt den Finger: „Jetzt geht es los." Die Heizanlage ist sein zweites Baby! Theoretisch kann er das ganze System übers Internet auch von Südamerika aus steuern. Oder aus der Schweiz. Egal – die Heizungsapp hat er auf dem Mobiltelefon. Allerdings gibt sich die digitale Steuerung der Anlage schon etwas kapriziös und schwer durchschaubar. Selbst wenn man direkt davorsteht und selbst wenn man ein Manager und Technik-Aficionado wie Sönke ist. Er schiebt die Brille hoch und schaut angestrengt auf das bläulich leuchtende Display: „Jetzt muss ich mal den Heizkreis hier einstellen ... Welcher war denn das hier? Das war doch. Vielleicht hier? Oder ich muss ins andere Unter-Menü." Sönke tippt, Sönke sucht, Sönke stöhnt. „Der Heizkessel und ich, wir müssen unsere Kommunikation noch etwas optimieren. Dass er mir auch zuhört und das tut, was ich ihm sage. Oder besser noch, dass ich weiß, was ich ihm sagen muss, damit er mich richtig versteht."

Draußen wetzt Adriana Acosta über den Rasen und krabbelt dann durch die stacheligen Heckenrosen im Park. Sie hat eine scharfe Gartenschere dabei und ihre Freundin Ivy aus New York. Eigentlich wollten sie die Babyparty draußen feiern – im Park. Aber das Wetter schlägt plötzlich um. Der verregnete, kalte Juni 2017! Da ist es wirklich praktisch, finden Adriana und ihre Freundinnen, wenn man einen eigenen Saal zur Hand hat. Und in dem Saal ist jetzt Dekoration für jeden der 22 Tische gefragt. Frische Blumen und Zweige müssen her. Adriana ist jedoch kein Blumen- und Gartentyp. Sie hat es viel mehr mit Mörtel und Farbe. In ihren Arbeitsklamotten fühlt sie sich oft deutlich wohler als im Abendkleid. Eine moderne Gutsherrin. „Mein Vater hat schon immer gesagt: Mädchen, wieso machst du nicht so wie alle Frauen? Die sind total beschäftigt mit Gestaltung und Blumen und nicht in der Bauarbeit", erzählt Adriana. „Aber ich bin nicht so ein Pflanzenmensch. Ist ein bisschen schwierig für mich. Aber ich habe gelernt, auch auf den Garten muss ich ein bisschen aufpassen und ihn pflegen."

Und dann geht die Party los. Fast zehn Jahre Arbeit haben sich gelohnt. Das Herrenhaus ist wieder voller Leben. Der Saal dröhnt in einem lebendigen Durcheinander von Gespräch und Gelächter. Kinder krabbeln übers Parkett. Kaffee wird literweise eingeschenkt, Kuchen quadratmeterweise verspeist. Nur zwei sind nicht zu finden in dem Trubel: Adriana und Patentante Ivy aus New York. Die beiden haben es sich auf einem

Ein herrschaftlicher Kasten mit Strahlkraft, der allerdings nicht sehr alt ist: Gutsschloss Dersentin entstand erst Mitte des 19. Jahrhunderts.

alten Sofa im Foyer bequem gemacht und betuddeln Baby Constantine. Es ist nicht ganz neu für Adriana, dass sie sich aufteilen muss. Früher war es nur zwischen Baustelle und Beruf. Jetzt ist es auch zwischen Party und Pampers.

„Constantine, ella es un regalo y un milagro", schwärmt Ivy. „Sie ist ein Geschenk für uns", übersetzt Adriana. „Sie ist wirklich ein Geschenk. Und es ist wie ein Wunder. Wir sind so glücklich. Eigentlich haben wir viel mehr Zeit vorher gehabt und investiert, für uns, das Haus, allgemein. Und jetzt ist sie die andere Hälfte unseres Lebens, wie man sieht. Ich bin hier und die Party ist in dem anderen Raum, aber es ist halt ein schönes Gefühl."

Und auf „La Dersentina" gibt es wieder eine potentielle Erbin.

Adrianas Bruder Alejandro lebt seit fast zehn Jahren in Dersentin. Er ist der gute Geist des Schlosses geworden, mehr als nur ein Hausmeister. Alejandro, der Musiker, spielt Gitarre und singt. Und ist inzwischen auch Familienvater, mit eigenem Baby und einer Frau aus Berlin. Aber für die meisten im Dorf ist er immer noch nur „der Ausländer". Alejandro findet das nicht so schlimm: „Un poco mas complicado porque hay muchos immigrantes", sagt er. „Es ist gerade etwas kompliziert wegen der ganzen Flüchtlingspolitik, der vielen Immigranten – und ich sehe ja auch so aus. Wie ein Flüchtling. Wegen meiner Hautfarbe. Ganz normal."

Hausmeister, Handwerker und Musiker: Alejandro Acosta, der Bruder von Adriana, ist die gute Seele des Hauses.

Ein T-Shirt mit der Nummer 10

Aber Alejandro ist kein Flüchtling. Er ist ein stolzer Südamerikaner und sorgt dafür, dass ein großes deutsches kulturelles und bauliches Erbe bewacht wird und nicht verfällt. Er hält es in der mecklenburgischen Provinz ganz gut aus, weil er das Leben in der argentinischen Pampa kennt – und findet, dass es dem hier nicht so unähnlich ist. Alejandro ist zwar der Exot von Dersentin. Aber Probleme in der Provinz hat er deswegen nicht. „Ich kenne die Leute", sagt der manchmal etwas Schüchterne, dessen Deutsch nur langsam besser wird. „Ich habe nicht so viel Kontakt. Hallo, wie geht's und so. Aber geht gut."

Adriana ist da ganz anders mit ihrem Temperament. Sie erinnert sich sehr genau an ihre allererste Begegnung mit einem echten Mecklenburger. In Dersentin. Sönke und sie sind auf einer Spazierrunde im Dorf, um sich hier und da schon mal vorzustellen als die neuen Bewohner vom Schloss. Es ist bereits abends. Die drei, vier Straßenlaternen an der Dorfstraße funzeln ihr gelbes Licht in die diesige Dämmerung. Adriana hat Angst, weil sie Ausländerin ist. Sie klopfen an ein Hoftor. Hunde bellen. Ein Flutlichtstrahler springt an. Jemand ruft nach einer Weile: „Hallo! Ist da wer?" Das Tor wird knarzend ein Stück aufgeschoben. Die Hunde bellen jetzt wie verrückt. Ein fragendes Gesicht schaut ihnen entgegen. Sönke und Adriana stellen sich vor: „Auf gute Nachbarschaft, wir sind ja die neuen Eigentümer vom Gutshaus." Der Mann runzelt die Stirn. Adriana sagt, sie sei Argentinierin – und denkt, was das

Im Jahre 1292 wird das Gut zum ersten Mal urkundlich erwähnt. Es zählt zum Besitz des Jakob von Dersentin, Knappe beim Fürsten von Werle. Später gehört das Anwesen der Familie Hahn auf Basedow, ein mecklenburgisches Ur-Adelsgeschlecht und damals einer der größten Gutsbesitzer des Landes.
Um 1750 existiert in Dersentin eine Glashütte, für deren Betrieb große Teile der umliegenden Eichenwälder abgeholzt werden.
In den folgenden Jahren wechseln die Eigentümer, wie auch auf vielen anderen Gütern, in schneller Folge. Schließlich erwirbt Heinrich von Bassewitz, der ebenfalls einer alten mecklenburgischen Adelsfamilie angehört, das Gutsdorf Dersentin mit inzwischen 552 Hektar Land. Familie von Bassewitz züchtet junge Pferde für den Kavallierie-Einsatz.
Ende des 19. Jahrhunderts erlebt das Gut seine Blüte. Um 1920 erhält Dersentin auf Bestreben von Rittmeister Georg von Bassewitz Anschluss ans Stromnetz.
Nach Ende des Zweiten Weltkriegs und der Vertreibung der Eigentümer sind im Herrenhaus Flüchtlinge einquartiert. Später beherbergt das Haus die Dorfschule, eine Arztpraxis und einige Wohnungen. Das Gut wird 1952 aufgesiedelt, der Betrieb in die LPG „Vorwärts" umgewandelt. Kurz danach erstechen die von den DDR-Machthabern enteigneten Dersentiner Neubauern den LPG-Vorsitzenden und werfen ihn in den Dorfteich. Die Aufständischen werden schwer bestraft.
Bis zum Ende der DDR arbeiten bei der LPG „Vorwärts" durchschnittlich 50 Menschen.
Seit 2007 sind Adriana Acosta und Sönke Johannsen Eigentümer. Sie haben das Anwesen, einschließlich Park und Garten, aufwändig saniert und ein LPG-Wohnhaus aus den fünfziger Jahren dazugekauft, um es als zusätzliche Herberge für Gäste zu nutzen. Familie Acosta de Johannsen pendelt zwischen der Schweiz, Deutschland und Argentinien und vermarktet das Herrenhaus Dersentin als herrschaftlichen Feier- und Veranstaltungsort.

wohl jetzt wird. „Moment mal", sagt der ernste, fremde Mann und verschwindet in der Dunkelheit. Die Hunde knurren mittlerweile nur noch. Ihr Herrchen kramt irgendwo in seinem Haus herum. Nach drei Minuten tritt er wieder in das Licht seines Hofscheinwerfers und hält ein hellblau-weiß längsgestreiftes Fußballer-Shirt mit der Nummer 10 in den Händen. Der Mann ist stolz: „Ich habe das hier! Maradona. Der ist doch auch Argentinier." Adriana macht große Augen: „El pibe de oro – der Goldjunge! Super!" Alle lachen und schütteln sich die Hände. Adriana ist „oberglücklich", denkt, wie gut, dass es Maradona gibt. Er hat ihr geholfen!

AMAZING

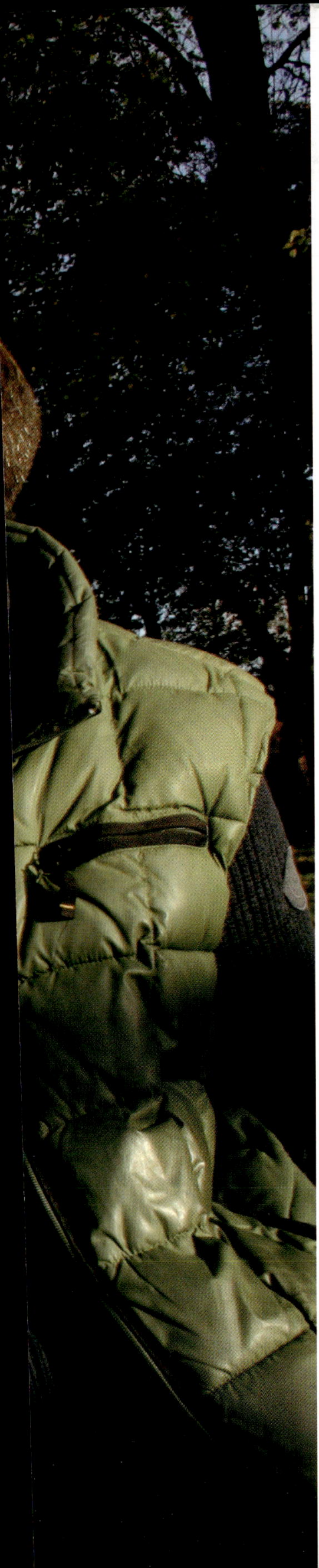

Einzeltherapie mit Schuttbergen

Philipp Kaszay in KOBROW

Winzige, silbrige Partikel wirbeln in einer chaotischen Choreografie in der Luft herum. Ein wilder Tanz, der jedoch einer kosmischen Ordnung zu folgen scheint, so wie die abrupten Wendungen und Irrungen des Lebens. Die feinen Teilchen flimmern und glitzern im Sonnenlicht, das in breiten Streifen durch die Stallfenster fällt. Der Schleifstaub, den ein 20-jähriger mit feinem 400er-Schmirgelleinen produziert, stammt von einer barocken Kommode. Philipp Kaszay aus Ulm macht gerade ein Praktikum bei einem Restaurator. Sein Chef hat einen Auftrag in Mecklenburg angedient bekommen, im Schloss Hohen Lukow, südwestlich von Rostock. Es ist 1997 und Hohen Lukow ist ein kleines Dorf. An einem Ende mit einem großen landwirtschaftlichen Gut, das während der DDR-Zeit eine LPG war, und am anderen Ende mit einem jahrzehntelang geheimen Nachrichtenobjekt des Ministeriums für Staatssicherheit. Seit knapp zehn Jahren gibt es DDR, LPG und besagtes Ministerium nicht mehr. Und gerade hat der Pharmaunternehmer Adolf Merckle das ehemalige Gut gekauft. Er will in die Landwirtschaft einsteigen. Das zugehörige Gutsschloss ist nur Beifang. Trotzdem hat Familie Merckle deutschlandweit historische Möbel zusammengesucht für die Ausstattung ihres neuen Anwesens in Hohen Lukow.

In einem alten Pferdestall neben dem imposanten Schloss stehen jetzt Dutzende Schränke, Tische und Tischchen, Stühle und die Kommode, an der Philipp eine schadhafte Stelle ausbessert. Mit ruhiger Hand und Geduld retuschiert er Maserung und Farbe des Holzes, trägt dann eine fein nach Harz und Firnis duftende Shellackmischung mit dem Marderhaarpinsel auf. Es macht ihm Spaß. Bei Philipp Kaszay entwickelt sich in dieser Zeit das Interesse an alten Möbeln und alten Häusern.

Das Gutsschloss Hohen Lukow ist beeindruckend, die Landschaft, in die es eingebettet ist, ebenso. Mehrfach begleitet Philipp nun den Möbelrestaurator von Ulm aus in den Norden, um in

Hohen Lukow Interieur zu retten. Er beginnt sich auch für die anderen Gutshäuser in dieser Gegend zu interessieren. Dann reist er zum letzten Mal aus Hohen Lukow ab. Es ist Spätsommer 1998. Philipp ist 21 Jahre alt. Aber dieses Mecklenburg mit seiner Weite und der klaren Luft, in dem in jedem zweiten Dorf ein verlassenes Gutshaus steht, lässt ihn nicht mehr los. Immer wieder fährt er in den folgenden Jahren in den Norden.

Auf jeder Tour schaut er sich drei, vier Herrenhäuser an, später auch zusammen mit seiner Frau Claudia. Der Plan: Irgendwann mal eines davon kaufen und sanieren. Auch in ein kleines unscheinbares Dörfchen in der Nähe der Kleinstadt Laage verschlägt es die beiden einmal: Kobrow. Aber das düstere, klobige Gutshaus dort stößt sie ab. Müll liegt im Garten, der komplett mit Brennnesseln und Gestrüpp überwuchert ist. Schiefe Schuppen und nachlässig verputzte winzige Hühner- und Schweinställe bevölkern den alten Gutshauspark. Am Westrand des Grundstückes lungert das nicht minder abstoßende Betriebsgebäude der ehemaligen LPG von Kobrow mit dem Namen „Erster Mai". Blinde Fenster, grauer Putz, das Pappdach schon halb eingesunken. Kein schöner Anblick.

Der Tag beginnt – und das Leben endet

Die Silhouette von Ulm dagegen, 800 Kilometer weiter südlich, ist ein Traum. Das Ulmer Münster ragt über die Altstadt. Davor strecken Fachwerkhäuser gewaltige Ziegeldächer in den Himmel. Ihre weißen Giebel leuchten über der Donau. Wie stolze Gesichter, die sich stark und sicher wähnen hinter der Stadtmauer aus rotbraunen Klosterformatsteinen. Der schiefe Metzgerturm ist zu sehen und die Adlerbastei. Der Schneider von Ulm startete hier seine vergeblichen Flugversuche mit einem bizarren Gestell aus geölter Leinwand, Birkenholzlatten und Draht. Einige Jogger und Fahrradfahrer sind schon unterwegs unten am Fluss. Die Donau gurgelt leise, dunkel und träge talwärts – wie der Strom des Lebens. Gleichmütig und unabwendbar. Ein schmaler, weiß-grün angestrichener Ausflugsdampfer mit absurd großen, quadratischen Fenstern dieselt gegen die starke Strömung an. Wie ein schwimmendes Gewächshaus. Es ist der „Ulmer Spatz" mit seiner ersten Tour morgens acht Uhr dreißig. An Bord eine Touristentruppe. Man kann ihr Geschnatter und aufgeregtes Gelächter nicht hören hier oben hinter

Philipp Kaszay besucht seine Heimatstadt Ulm an der Donau. Hier hat sich sein Leben dramatisch verändert.

den Scheiben der Frauenklinik auf der anderen Seite des Flusses, am Jahnufer in Neu-Ulm, genau gegenüber der Altstadt. Hier ist die Sonne noch nicht zu sehen, aber sie taucht die historische Kulisse in ein goldenes, flaches Licht. Das Beste an Neu-Ulm, heißt es bei den Spöttern, sei der Blick auf Ulm. Die uralten Häuser, die Stadtmauer und das riesige Münster, dessen Turm erst 1890 nach 500 Jahren Bauzeit fertig wurde, werfen jetzt in der seitlichen Beleuchtung genau die richtigen Schatten. Alles wirkt plastisch, lebendig, strahlend und aus der Zeit gefallen. So, als hätte ein alter Maler, vielleicht ein holländischer Meister, das alles erschaffen auf Leinwand und in Öl.

Aber der Blick ist die Realität. Er ist genauso echt wie Philipps Frau Claudia, die gerade auf der Intensivstation der Klinik gestorben ist. Die gleiche Frau, die noch in der Abenddämmerung gemeinsam mit ihrem Mann auf die Stadt da drüben geschaut hat. In stiller Vorfreude auf die Geburt ihres zweiten Kindes. In der Nacht setzten die Wehen ein und das Herz der Hochschwangeren aus. Fruchtwasserembolie. Keiner wusste, was los war. Alle Maßnahmen erfolgten verzögert. In einer Notoperation trennte ein eilig herbeigerufenes Chirurgenteam das ungeborene Kind aus dem Leib der Sterbenden heraus. Es atmete nicht. Wurde wiederbelebt. Nach mehreren Versuchen kam es viel zu spät und langsam zu sich.

Philipp Kaszay steht an diesem Morgen im Frühjahr 2011 hinter der Fensterscheibe im ersten Stock der Klinik, fühlt sich wie ausgehöhlt. Seine zweieinhalbjährige Tochter Paula wartet ahnungslos bei den Großeltern darauf, dass Papa Philipp mit Mama und dem neugeborenen Brüderchen nach Hause kommen wird.

Es ist nicht nur die Glasscheibe, die ihn jetzt von der Welt da draußen trennt. Es sind die Ereignisse der letzten Nacht, die ihn von allem abgeschnitten haben, was vorher normal war. Zukunfts-

Frau und Kind verloren – „aber es ist auch ein Anfang von etwas Neuem gewesen", sagt Philipp.

pläne schmieden, arbeiten gehen, eine Familie wachsen sehen, leben, lachen, unbeschwert sein. Philipp Kaszay ist jetzt Witwer, mit gerade mal 33 Jahren, seine Tochter Paula Halbwaise. Wenigstens das Baby hat überlebt: Leander.

Mittsommerremise

Philipp schleppt sich durch die nächsten Wochen. Er hat kaum noch Energie und es ist dennoch so viel zu regeln. Das Baby muss versorgt und seine Frau beerdigt werden. Sie hatten eine kleine gemeinsame Firma für Innendekoration. Die muss er irgendwie auflösen, abwickeln. In ihrer Wohnung, in der alten Molkerei seines Großvaters, die er jahrelang saniert und umgestaltet hat, erinnert ihn alles an das Leben vor dem Schicksalsschlag. Es ist nicht auszuhalten. Nur mit Hilfe von Juristen bewältigt er eine endlose Tirade von Briefen an Anwälte, Ämter und die Ärzte des Klinikums. Er will wissen, was genau schiefgelaufen ist, welche Rechte er hat, was mit Leander passieren soll. Der Junge, das wird nach einigen Tagen klar, ist schwerstbehindert. Der Sauerstoffmangel. Leander ist ein Pflegefall schon als Baby. Die Suche nach einem Heimplatz mit Eins-zu-eins-Betreuung. Wieder endlose Formulare. Sozialamt, Krankenkasse, Beihilfe für Spezialnahrung, Förderung, Versicherung. Wer zahlt? Wer ist schuld? Wer hilft? Und mitten in dem ganzen Wahnsinn: Paula, knapp drei Jahre alt, über die das alles hereinbricht. Sie kann es nicht verstehen. Die Großeltern kümmern sich um die Enkelin, die sich selbst schützt vor der Trauer, indem sie sich zurückzieht in ihre Kinderwelt.

An einem Zeitungskiosk in der Ulmer Innenstadt fällt ihm im Frühsommer 2011 die aktuelle Ausgabe einer Illustrierten ins Auge. Ein Reisemagazin. Der Aufmacher handelt von einer Handvoll junger Enthusiasten, die ohne viel Geld, aber mit Ideen, Wahnwitz und Geschick verlassene Gutshäuser wieder aufmöbeln und zum Teil schon darin wohnen. Eine Solidargemeinschaft von Verrückten. In Mecklenburg! Philipp stößt auf ein doppelseitiges Bild. Eine uralte verwunschene Gutshausküche ist zu sehen. Charismatische Gestalten lagern um einen voll gedeckten Eichentisch. Überall Kerzen, leuchtende Augen, ein glänzender Braten. Ein Gelage, ein Schmaus wie auf einem Gemälde aus dem Mittelalter. Die Personen wie entrückt, in komischen Posen. Es ist das Mittwochabendtreffen der Gutshausretter in Rensow, erfährt er aus dem Text. Philipp drückt dem Verkäufer acht Euro in die Hand und nimmt das Heft mit. Stimmt so! Eine Woche darauf fährt er in den Norden. Eine endlose Tour. Er übernachtet in Plau am See auf einem Campingplatz und klopft am nächsten Morgen bei Knut Splett-Henning und Christina von Ahlefeldt in Rensow an.

Es ist die Zeit der sogenannten „Mittsommerremise". Hier und da öffnen alte und neue Gutshausbesitzer ihre Gebäude und Gärten für Besucher. Es gibt Führungen und Partys, Barbecues, Kaffee und Kuchen, Rotwein und Bier. Eine tolle Stimmung, die Philipp auf seiner kleinen Landpartie in Mecklenburg erlebt. Vor einem riesigen neoklassizistischen Haus lagert eine Handvoll Argentinier. Es wird spanisch gesprochen. Jemand spielt Gitarre. Wehmütige Lieder aus der Pampa. Lagerfeuer. Es ist das Haus von Adriana Acosta und Sönke Johannsen in Dersentin. Die Tour geht weiter: Vogelsang, Vilz, Wardow. Überall gelöste Stimmung, kühle Getränke und leichte Gespräche. Knut Splett-Henning zeigt ihm die Gegend und erzählt ihm von ein, zwei nicht bewohnten Häusern. Ruinen – mehr oder weniger. Und er erwähnt auch das Gutshaus von Kobrow. Seit der Jahrtausendwende stünde es leer. Ein seltsames Haus am Rand des Dorfes – mit zugenagelten Fenstern und brüchigem mausgrauen Putz,

Mutmacher zu Besuch: Knut Splett-Henning auf Baustellenrundgang in Kobrow. Fazit: Das Haus ist in gutem Zustand.

mit einem hohen viereckigen Turm in der Mitte, mit einer übergroßen und einer viel zu kleinen Haushälfte.

Das Gebäude wirkt seltsam – Philipp erinnert sich an den ersten Besuch hier, und auch an das Unbehagen, die einschüchternde Ausstrahlung des Hauses. Aber über ihm spannt sich der hohe blaue Himmel Mecklenburgs. Riesige schneeweiße Haufenwolken segeln vom Westwind getrieben Richtung Vorpommern über das Tal der Recknitz. Der kleine Fluss, der Mecklenburg und Vorpommern teilt, ist hier noch ganz schmal, nur ein Bach, aber sein altes Tal ist weit und grün. Schloss Kobrow liegt an seinem südlichen Ufer. Die Gegend ist prächtig und fruchtbar. Das Mecklenburger Parkland sei ein Geschenk der letzten Eiszeit, schwärmen Landschaftsgestalter und Geologen.

Das Haus hat seinen Herren gefunden

Noch in der gleichen Woche steht Philipp in der Kreisstadt Güstrow vor einem Immobilienbüro und sieht eine Annonce mit Schloss Kobrow im Aushang. Kobrow schon wieder, es ist wie verhext. Eine unsichtbare Kraft nimmt seine Hand und lässt ihn die Türklinke herunterdrücken. Drinnen schaut ihn ein müder Makler an: „Ach, Kobrow." Der Mann wühlt in einer Schublade und zieht einen Schlüssel mit zerknautschtem Pappschild heraus. „Bringen sie ihn mir einfach morgen zurück", murmelt er. Sein Gesichtsausdruck sagt: „Noch so ein hoffnungsloser Fall. Das wird doch nie was."

Zwei Monate später spielt Philipp Reiseleiter durch Mecklenburg: Er zeigt seinen Eltern und seiner Schwester das Kobrower Gutshaus. Auch innen. Den Schlüssel hat er noch einmal vom Makler geholt – der nicht schlecht staunte über den hartnäckigen Kunden. „Na gut, es ist von außen betrachtet ziemlich hässlich", räumt er gegenüber seinen Eltern ein. „Aber innen nicht so schlecht. Und wenn man darin wohnt, guckt man ja von drinnen nach draußen. Das haut doch hin."

Er hat seinen Vater noch nie so belustigt gesehen. Seine Mutter, seine Schwester. Schallendes Gelächter. Laut und lange, bis die Tränen kommen. Selbst während der Weiterfahrt hört es nicht auf. Sie müssen sich immer wieder das Wasser aus den Augen wischen. Über das Haus wird jedoch bald nicht mehr gesprochen in der Familie Kaszay.

Weihnachten muss er seinen Eltern bei einem Familienessen in Neu-Ulm offenbaren, dass er den komischen Kasten in Kobrow gekauft hat. Der Notarvertrag ist unterschrieben.

Am Tisch wird es ganz still.

Keine Angst mehr – vor gar nichts

Nach dem seelischen Sturz durch Zeit und Raum, vereist und verletzt, kommt Philipp Kaszay in Mecklenburg-Vorpommern wieder zu sich. Acht Monate und 800 Kilometer entfernt von den Ereignissen der Nacht in Neu-Ulm. Er trägt ein gemeinsames Vermächtnis in sich. „Dann mach ich das mit dem Gutshaus eben allein", denkt er sich. Aus Ulm wollte er sowieso weg. Zu viel Erinnerung. Zu wenig Freiheit.

Schubkarre für Schubkarre, Stein für Stein arbeitet er sich durch den Torso des leerstehenden Gutshauses in Kobrow bei Laage. Das Geld von einer kleinen Lebensversicherung seiner Frau hat er hier investiert, um das alte Haus einer Investorengruppe abzukaufen und sich an der für einen Einzelnen ohne nennenswertes Vermögen irrwitzig großen Baustelle selbst zu therapieren.

Mann vom Fach: Philipp Kaszay ist, gleich seinen Eltern, gelernter Bauzeichner. Baustellen sind ihm schon von Berufs wegen nicht fremd.

Die Verkäufer von Kobrow waren Privatleute mit Geld, die mit einer bizarren Idee gescheitert sind: Die Hansestadt Rostock hatte sich um die Jahrtausendwende für die Ausrichtung der Olympischen Segelwettbewerbe für 2012 beworben. Die Spekulanten kauften das Gutshaus von Kobrow der nahe Rostock gelegenen Gemeinde ab, um es zehn Jahre später den reichen Amerikanern als Olympiaunterkunft für deren Presseteam zur Miete anbieten zu können. So war der Plan. Der Traum von märchenhaften Gewinnen. Ähnlich dem einer Menge Rostocker Geschäftsleute. Trotz der internationalen Konkurrenz der Bewerber: New York, Paris, Madrid. 2005 erhielt London den Zuschlag. Aus war der Traum von gigantischen Erträgen in Kobrow. Ein Glück für Philipp Kaszay.

Mit Getöse schiebt Philipp eine Schubkarre voller Schutt eine lange schwingende Planke zu einem Container und kippt die Melange aus kaputten Ziegeln, Putzbrocken und Glasscherben hinein. Er stellt die Karre ab und klopft sich den Staub von den Schultern: „Ich finde es eigentlich ganz interessant, dass das Gebäude von jeder Seite anders aussieht und dass eben keine klare Struktur zu erkennen ist. Es passt ganz gut zu mir und zu meinem Leben, keine klaren Strukturen." Philipp lacht sein keckerndes, schrilles, kurzes Lachen. Sein Leben ist aus den Fugen geraten. Aber er selbst hat sich immer im Griff. Er hat alles geregelt und geordnet. Oder er ist noch dabei. Von seiner Baustelle aus kann er sogar seine Tochter Paula sehen, wie sie im benachbarten Dorfkindergarten spielt mit den anderen Kindern aus Wardow, Pinnow und Kobrow. Denen tut Paula ein bisschen leid, weil sie bald in eine Ruine einziehen muss. Ein Spielkamerad tönt sogar: „Paula muss in einem Haus ohne Fenster wohnen."

Aber Philipp fremdelt nicht mit dem platten Land. Er kann selbst so wortkarg und verschlossen sein wie ein Mecklenburger. Für die Leute aus dem Dorf ist er ein Paradiesvogel. Sein Schicksal erweicht auch abgebrühte Herzen. Kobrow passt zu Philipp. Er sagt: „Nicht ich habe das Haus gefunden, sondern das Haus hat mich gefunden!"

Philipp Kaszay arbeitet meistens und gern allein: Das Gutshaus ist seine Therapie.

Das Haus erkennen und verstehen

Anfangs erscheint Philipp sogar die Bausubstanz der exotischen Immobilie einigermaßen in Ordnung. Er will eigentlich gleich einziehen. Der erste Eindruck allerdings täuscht. Viele Balken, die Balkenköpfe, sind vermodert, voller Löcher und Pilze. Der große und der kleine Würfelbruch, Anobien und Hausschwamm konnten jahrzehntelang unbehelligt ihrem zerstörerischen Werk nachgehen. Fensterrahmen sind verrottet oder gar nicht mehr da. Aber Philipp hat den Mut der Verzweifelten. Er packt die Schubkarre fest in

Unerwünschter Nebenschauplatz in Kobrow. Ein alter LPG-Schuppen bricht eines Tages zusammen: wieder ein Schuttberg, den Philipp beseitigen muss.

beide Hände und will wieder ins Haus hineinmarschieren: „Es ist ein Projekt auf Lebenszeit. Es ist nichts, was heute oder morgen oder in einem Jahr komplett fertig wird. Es wird eine sehr, sehr lange Zeit dauern und auch danach dürfte ständig was zu machen sein. Denn fertig ist man ja nie mit so einem Haus. Fertig werden ist für mich jedoch auch kein Lebensziel."

Mühsam. Tag für Tag, Woche für Woche legt Philipp Kaszay die innere Struktur des Gebäudes frei. Alles ist verbaut und in winzige Räume aufgeteilt. Es gibt auf den ersten Blick nichts Erhabenes, Großes. Auf breiten Mecklenburger Kieferdielen sind Faserplatten genagelt, Zwischenwände hineingezimmert, mitten durch die riesigen Räume, ohne Gefühl für das Gebäude. Nach dem Krieg wohnten hier 40, 50 Flüchtlinge. Später residierten im Gutshaus Kobrow das Büro der LPG „Erster Mai", die Kantine mit Speisesaal, der Bürgermeister und die Dorfschule. Zeitgleich oder nacheinander. Anfang der Neunziger richtete sich die Dorfjugend einen eigenen Klub ein im Keller des größten Hauses im Dorf.

Im Obergeschoss gab es bis zur Jahrtausendwende einfache Wohnungen für Landarbeiter und Traktoristen. Und jeder baute sich noch eine Wand und noch ein Zimmerchen hinein. Tropfende Badewannen und lecke Toiletten ruinierten jahrzehntelang die Holzböden.

Der gelernte Bauzeichner Philipp sucht unermüdlich nach dem wahren Gesicht des Hauses. Er schält und schabt alles frei. Langsam entwickelt er einen Plan vom Original des Herrenhauses und von seinem Traum – den er sich allerdings allein erfüllen muss. „Ich wollte es ja gemeinsam mit meiner Frau machen", sagt er. „Aber das geht nicht mehr. Und jetzt habe ich nichts mehr zu verlieren. Ich bin eigentlich ganz glücklich darüber, es angefangen zu haben." Das Schlimmste sei ihm schon passiert, sagt Philipp. Deshalb habe er auch keine Angst mehr. Vor gar nichts! „Das Wichtigste ist: Anfangen. Weil ich erfahren habe, was die Endlichkeit des Daseins bedeutet, denke ich manche Sachen einfach anders."

Das Gutshaus von Kobrow ist sein Lebensprojekt, seine Vollbeschäftigung und seine Ablenkung. Er arbeitet nur für sich selbst und für seine Tochter Paula. Tonnenweise Schutt und Müll müssen bewegt werden. Aber Philipp kann jeden Tag nur höchstens bis halb fünf arbeiten. Dann muss er Paula abholen aus dem Kindergarten.

Paula schlüpft in ihre Schuhe, schnappt sich ihre Brottasche. Es ist Juni. Draußen tirilieren die Vögel in den Lindenbäumen. Eine Feldlerche singt ihr schillerndes Staccato hoch über einem Acker. Die Wintergerste ist bald reif für die Ernte. Paula hüpft neben ihrem Vater Richtung Gutshaus. Jetzt ist der Arbeitstag für Philipp zu Ende. Die beiden fahren ins benachbarte Wardow, dort leben sie in einer kleinen Wohnung mit Garten. Das Herrenhaus von Kobrow wird noch einige Zeit unbewohnbar sein.

Endlich fertig nach über einem Jahr Bauzeit: eine erste Wohnung in Kobrow mit eigenem Zimmer für den kleinen Schlossgeist Paula

Der Grabstein im Park

Dichter weißer Qualm wabert ein paar Monate später über das Tal des kleinen Flusses Recknitz, über die eingefrorenen Wiesen und durch das Dorf. Ein Feuer brennt im Gutshausgarten, der mal ein imposanter Park war. Ein Feuer aus Laub, Zweigen und zersplittertem Holz. Philipp sägt, hackt, häckselt. Er – dicke Arbeitsschuhe und die immer gleiche olivgrüne Kutte, die er schleppt wie ein versprengter Soldat – schwitzt und keucht. Es ist später Herbst und Philipp hat immer noch keinen Strom im Gutshaus, kein Wasser, kein Abwasser. Es geht nicht recht voran.

Aber es gibt trotzdem immer genug zu tun für ihn. Das ganze Grundstück steht voller Gestrüpp. Der alte Gutspark war einst ein weitläufiges Gelände am Hang des Recknitztals, bestanden mit gewaltigen Solitären – Buchen, Kastanien, Eschen und majestätischen Linden. Ein romantischer Ort zum Flanieren, Nachdenken. Jetzt ist die Gelegenheit, den Dschungel, der sich hier über Jahrzehnte gebildet hat, zu entflechten, trockenes Geäst und morsches Holz loszuwerden und mit einem Feuer die Dunkelheit zu vertreiben. Philipp schleppt immer neue Bündel herbei, dürre Zweige und moosbewachsene Stubben, wirft sie in die lodernde Glut. Er ist jetzt ganz zufrieden mit seinem Abenteuer in Mecklenburg. Alles schön spannend hier: „Eigentlich ist jeder Tag wie ein Neuanfang", sagt er. „Man weiß nie genau, was passiert, welche

Probleme durch das Gebäude auf einen zukommen. Welche Handwerker plötzlich vor der Tür stehen und einem helfen möchten. Und das Ganze zu koordinieren, ist auch eine aufregende Sache. Man kann es ungefähr planen, aber ob das alles funktioniert, weiß man dann nie." Jeder Tag ein Neuanfang ... Philipp Kaszay weiß sehr gut, dass jeder neue Morgen auch ein Geschenk sein kann.

Mit forschem Schritt stapft er immer tiefer in den verwilderten Park hinein, auf der Suche nach Sammelholz für sein Gartenfeuer. Braunwelke Brennnesselfelder, durchwoben mit widerhakigen, wilden Brombeerranken, verhindern schnelles Durchkommen. Der Boden ist weich, nass, man schreitet durch dicke Schichten voller Laub. Es dämmert schon. Der Herbstwind zieht lispelnd durch die kahlen Baumkronen. Die milchig schleimige Sonne zeigt sich nur noch kurz überm Horizont im Westen. Gelblich, kalt und trostlos. Durch das dichte Buschwerk erkennt Philipp plötzlich einen großen Findling. Efeuberankt und aufrecht stehend. Eine Grabstelle wohl. Neugierig putzt er das Moos vom grob behauenen Granit. Kaum zu entziffern die Inschrift: „E.A. v. Bülow".

2014 kommt Philipps Tochter Paula in die erste Klasse, in eine Schule im benachbarten Laage. Sein Sohn Leander, schwerst hirngeschädigt, ein Intensiv-Pflegefall, wurde schon ein Jahr zuvor aus einem Spezialheim im Allgäu in ein Heim nach Grimmen verlegt. 1000 Kilometer Richtung Norden. Endlich wieder in die Nähe von Philipps neuem Lebensmittelpunkt. Er hat lange dafür kämpfen müssen, ehe es klappte. Die Ärzte sagen, dass es wenig Hoffnung gibt für Leander. Aber dem Jungen geht es dort gut.

Philipp hat das Haus inzwischen fast entblättert, den Pfusch aus jahrzehntelanger Heimwerkelei entfernt. Er kommt an den Kern des Gebäudes heran, an die ursprüngliche Struktur. Aber trotzdem entdeckt er immer wieder seltsame Räume. Findet nicht erklärbare Fenster, halb zugemauert. Türen, die ins Nichts führen. Verschachtelte Treppen ohne Sinn. Hohle Abseiten ohne Zugang. „Das Haus", sagt er, „ist kaum zu verstehen." Wie ein überdimensionales Rätselspiel. Escape-Room in echt. Und es ist natürlich viel zu groß für ihn und Paula. Vielleicht werden die beiden nur die kleinere Hälfte des Hauses behalten. Vielleicht die andere Hälfte verkaufen. Wer weiß.

Philipp holt sich unter anderem Rat bei Knut Splett-Henning aus Rensow. Der ist ein wichtiger Halt für den Neuankömmling aus Süddeutschland. Knut, der gern auch im Winter draußen in Filzpantoffeln herumläuft oder in offenen Knobelbechern mit schlackernden Schnürsenkeln, stapft jetzt mit Philipp durch düstere Räume, über Dielenfußböden mit offenen Löchern. Sie treten auf Glasscherben, Bauschutt, Müll.

Knut schreitet aus, als sähe er das alles gar nicht, und rät, so viel alte Substanz zu erhalten wie möglich. Denn die früheren Handwerksqualitäten, sagt er, gäbe es heute nicht mehr. Und das mache ja den Charakter dieser Häuser aus: die handgehobelten Leisten, die behauenen Balken, die geschmiedeten Nägel und Beschläge. Manchmal finden sich hinter alten Türzargen noch Reste von uralten Stoff- oder Ledertapeten. Hinter abgehängten Decken blättern Wandbemalungen.

„Du musst weitermachen, den ganzen neuen Scheiß rausreißen", sagt Knut. „Dann erkennst du das Haus, das alte. Dann siehst du in die Vergangenheit!" Und um Gottes Willen keine Haushälfte verkaufen. Das Haus sei doch das Potential – es könne ihn am Ende am Leben halten. Auch finanziell. „Du musst vermieten", redet Knut Splett-Henning auf Philipp Kaszay ein. „Ferienwohnungen. Bei uns läuft das super. Viele Leute aus den Großstädten lieben das Alte, Marode. Den morbiden Charme. Lass die Wände, wie sie sind, stell' ein Bett in ein Zimmer, zwei Stühle dazu, ein Tischchen und einen kleinen Ofen, fertig."

Aber Philipp hat auch ein Fensterproblem. Die beiden stehen im großen Saal des Gutshauses. Es ist stockfinster. Alles zugenagelt. Draußen klatscht der Novemberregen gegen das Mauerwerk. Mit einer winzigen Taschenlampe, Werbegeschenk eines Tessiner Baustoffhändlers, leuchtet Knut in die Laibungen der zweieinhalb Meter hohen Fensterlöcher. „Hier sieht man jetzt", erklärt Philipp, „dass alle Flügel fehlen, und das ist noch eins der besseren Fenster. Bei den meisten sind auch die Rahmen nicht mehr zu gebrauchen." Das Licht der Taschenlampe wird immer schwächer. Werbegeschenk. Es ist kaum noch was zu sehen. Aber Knut sprudelt wie immer vor guter Laune oder Wahnsinn und redet auf Philipp ein: „Am Ende ist jeder seines Glückes Schmied oder seines Unglückes – es gibt halt jede Menge Leute, die lieber ihre Finger davon hätten lassen sollen."

Kaum ein Fenster ist zu retten. Es gibt keine Öfen. Keinen Strom. Alte Tapeten hängen in Fetzen. Es ist zum Weglaufen. Aber Philipp hat nur noch das Gutshaus, das ist sein einziger Job – von seinen Kindern mal abgesehen –, er kann nicht aufgeben. „Dann wohne ich halt nur in zwei Zimmern in einem Teil vom Haus", bemerkt er. „Denn für den Kaufpreis des Ganzen hätte ich mir in Ulm auch nur eine Zweizimmerwohnung anschaffen können Aber hier habe ich wenigstens Entwicklungsmöglichkeiten." Die Taschenlampe ist endgültig erloschen. Die beiden Männer tasten sich durch den Saal nach draußen.

Das Gutshaus in Kobrow stand schon während seiner Errichtung vor über einhundertsechzig Jahren unter keinem guten Stern. Der Bauherr, Ernst August von Bülow, hatte sich etwas übernommen mit dem Projekt. Dann bekamen er und

Wirken unscheinbar, aber geben dem Haus seine Würde zurück: Die neuen denkmalgerechten Doppelflügelfenster sind Philipps erste Großinvestition in Kobrow.

Im Untergeschoss soll eine Ferienwohnung entstehen. Philipp braucht Einnahmen, um das Haus erhalten und weiter sanieren zu können.

seine Frau Anna von Zepelin alle zwei Jahre einen neuen Sohn, die Familie wuchs. Die Ehefrau wurde nur knapp über fünfzig. Es waren leidvolle Zeiten: Der älteste Sohn starb mit 35, sein Vater vier Jahre später. Sein Landwirtschaftsbetrieb, den jetzt der Zweitgeborene führen musste, meldete im Zuge der Weltwirtschaftskrise Anfang der dreißiger Jahre des letzten Jahrhunderts Insolvenz an. Das Gut wurde aufgesiedelt, parzelliert, man zerteilte die großen Scheunen und baute neue Häuser auf dem alten Hofgelände. Der letzte Besitzer, Bodo von Bülow, war anscheinend verarmt.

Weiteres hat Philipp Kaszay noch nicht herausbekommen. Er würde gern mehr wissen über das Schicksal des Hauses. Aber Philipp versinkt erst einmal in anderer Arbeit. Nur das verwilderte Grab derer von Bülow draußen im Park erinnert ihn immer wieder an den Erbauer des Gutshauses, Ernst August.

Besuch aus der Vergangenheit

Mitte Mai 2015 beginnt ein später Frühling in Kobrow. Das Herrenhaus erwacht langsam aus dem Winterschlaf. Im Inneren hängt noch eine klamme Kälte in den Mauern, die sich auch mit einigen Kanonenöfen nur schlecht vertreiben lässt. Aber es geht voran. Zwei inzwischen mit Philipp befreundete Handwerker schauen jetzt regelmäßig vorbei. Mit seinem letzten Geld hat er sich dreizehn neue Fenster und eine Tür einbauen lassen. Zum Garten hin. Originalgetreu angefertigt. Die Sonne scheint durch klare Scheiben in den alten Speisesaal. Lichtstrahlen spielen mit dem

Staub in der Luft. Die Wärme lässt die alten Dielen knacken. Das Haus beginnt zu leben, aufzuatmen. Und Philipp Kaszay ist glücklich mit seinen neuen Fenstern. Sie haben ihn ein Vermögen gekostet. Aber jedes Detail ist stimmig und durchdacht. Er steht an einer Fensterbank und schaut hinaus in den Frühling. Das Bild ist nicht ganz klar, wird gebrochen durch winzige Schlieren und Verwerfungen in den Scheiben – die nicht aus normalem Industrieglas gefertigt sind, sondern aus gezogenem, wie vor 150 Jahren nicht anders möglich. Das liebt Philipp. Auch an den schmalen Holzrahmen und feingearbeiteten Sprossen, hellgrau lackiert, kann er sich kaum sattsehen, desgleichen an den Griffen aus poliertem Metall. „Das war jetzt die größte Einzelinvestition. Erst einmal gab es ja die Auflagen vom Denkmalamt, dass die Fenster möglichst originalgetreu wieder nachzubauen seien, und dann wollte ich das natürlich auch selber so haben, auf dass sie zum Rest einigermaßen gut passen!"

Sein Blick durch die handgezogenen Scheiben, leicht gewellt und unregelmäßig, dem sogenannten Histoglas, trifft auf ein Auto, das gerade umständlich hinter dem Haus eingeparkt wird. Zwei Besucher steigen aus. Philipp öffnet einen Fensterflügel. Die stählerne Olive liegt geschmeidig in der Hand. Duftende Frühlingsluft strömt in den Raum. Lindenblüten, frisches Gras, ein grünes, leichtes Aroma, dass das Herz hüpfen lässt. Die Besucher winken ihm zu: „Hallo, sind sie Herr Kaszay?!"

„Ja", entgegnet der, „das bin ich!" Minuten später werden Hände geschüttelt und Höflichkeiten ausgetauscht. Philipp hat sich schon daran gewöhnt, dass an seinem Haus in letzter Zeit immer mehr Neugierige auftauchen. Es hat sich herumgesprochen, dass sich wieder etwas tut in Kobrow. Aber dieses Mal ist es besonderer Besuch. Die Dame stellt sich als Brigitte Tinneberg vor, die in Stendal lebe – und die Urenkelin des einstigen Erbauers von Gut Kobrow, Ernst August von Bülow, sei. Einen Karton voller Beweise trägt sie unter dem Arm, der Rest wartet im Kofferraum. Philipps Herz pocht. Was wollen sie? Rückgabeanspruch etwa? Aber das wäre kaum möglich. Schließlich war das Gut schon in den dreißiger Jahren aufgegeben worden. Keine Bodenreform, keine Flucht vor den Russen, keine Enteignung.

In der Deutschen Bauzeitung vom 24. Mai 1933 wurde das Projekt Kobrow sogar als exemplarisch für die Reichssiedlungspolitik beschrieben: Eine Gruppe von 30 Siedlungswilligen aus der Stadt Iserlohn und einigen umliegenden Orten solle angesiedelt, das hierzu passende Gut Kobrow so aufgeteilt werden, dass 46 Existenzstellen entstünden ... Die vorhandenen Gebäude müssten entsprechend um- und ausgebaut beziehungsweise so ergänzt werden, dass mit dem geringsten Kostenaufwand praktische, gute, billige Wohnungen und Wirtschaftsräume geschaffen würden ... Die alte Schule sei gänzlich unzulänglich, für einen Neubau gebe es keine Mittel, Schule und Gemeindehaus müssten darum im „Schloss" untergebracht werden, dazu die Lehrerwohnungen.

Im Norden angekommen. Der Schwabe Philipp Kaszay hat die wortkargen Mecklenburger schätzen gelernt.

Auf der alten Betontischtennisplatte des einstigen Jugendklubs von Kobrow im Garten packt die Urenkelin des Ernst August von Bülow einen Karton und eine Mappe nach der anderen aus. Hummeln brummen vorbei und die hellgrünen Blätter einer Kastanie lassen das Sonnenlicht auf dem Tisch in Strahlen tanzen wie in einer Disco. Bald türmen sich verblichene sepiafarbene Familienfotos und ovale Herrenportraits auf dem Beton. Urkunden, Schriftstücke, Briefe. Es sprudelt aus Brigitte Tinneberg heraus: „Und jetzt kommt's", sie nestelt an einer abgegriffenen amtlichen Urkunde. „Herr von Bülow, Kobrow bei Laage, geboren in Zülow, 1810, gestorben Kobrow 1899. Das ist der Erbauer von Kobrow. Mein Urgroßvater! Der hatte fünf Söhne, vier von denen waren verheiratet. Nur Bodo von Bülow blieb unverheiratet und wollte eigentlich überhaupt kein Landwirt sein, er beschäftigte sich lieber mit der Archäologe. Der hat ja nur in der Vergangenheit gelebt, der Bodo! Und, naja, so war er dann auch unfähig, das Gut erfolgreich weiterzuführen. Dann kam die Wirtschaftskrise in den Zwanzigern und in den dreißiger Jahren war der Betrieb pleite."

Das Rätsel, warum das Haus in seinem Innern so merkwürdig aufgeteilt ist, lüftet sich langsam. Schon während des Baues wurde immer wieder abgespeckt und korrigiert. Der Entwurf war groß. Aber man kappte und beschnitt ihn immer mehr.

Philipp Kaszay blättert nachdenklich in einem Stoß von weiteren uralten Briefen: „So, wie ich es aus diesem Text rauslese, hat er zuletzt in den gleichen kleinen Zimmern gewohnt, in die ich jetzt gerade eingezogen bin, im oberen Stock, und wurde vom ‚Resthofbesitzer' verpflegt." Philipp kann sich ein breites Grinsen nicht verkneifen: „Bis auf das mit der Verpflegung durch den Resthofbesitzer wiederholt sich hier wohl die Geschichte." Philipp lacht. Und nicht nur er, auch die Vergangenheit ist plötzlich wieder ganz lebendig.

Zuerst ein Gemach für das Burgfräulein

Nachmittags halb fünf beginnt wieder die Realität der Gegenwart für den heutigen Besitzer. Die Besucher aus Stendal haben sich noch das Haus zeigen lassen, das sie nur aus Erzählungen kennen. Philipp hat sie durch die Räume geführt, die er zum Teil schon bewohnbar gemacht hat, und durch den großen Saal, dessen Herrichtung er immer noch nicht beginnen konnte. Sie wollten ihn mal kennenlernen, den neuen guten Geist vom Gutshaus Kobrow. Sie hatten ihn in einer Fernsehsendung des NDR entdeckt. „Mit Mut, Mörtel und ohne Millionen" hieß der Film. Sie haben ein Stück vom mitgebrachten Kuchen gegessen und Tee getrunken. Earl Grey von Twinnings. Philipps Lieblingsmarke.

Doch jetzt wird es Zeit für Paula, die gleich aus der Schule kommt. Das Auto mit dem Stendaler Kennzeichen verschwindet am Ende der Dorfstraße und Vater und Tochter machen es sich gemütlich im Obergeschoss. Etwas provisorisch noch, aber immerhin. Bad und Küche hat Philipp fast fertig, ein kleines Esszimmer und einen Schlafraum. Und ein Gemach für Burgfräulein Paula. „Hello Kitty"-Schrank, „Hello Kitty"-Bett, Teppich mit Einhorn. Alles rosa und weiß. Philipp grinst: „Da fühlt sich die Prinzessin wohl. Auch wenn ich immer sage, dass sie eher Schlossgespenst als Prinzessin ist!"

In den nächsten Monaten entwickelt Philipp einen Plan: Ferienwohnungen im Erdgeschoß für gestresste Großstädter – wenigstens im Sommer. Das könnte klappen. Leere Räume gibt es genug. Geld verdienen mit dem Haus und für das Haus. Die nächste Saison steht schon vor der Tür. Er kommt einigermaßen gut voran, ist aber auch immer wieder am Ende seiner Kräfte. Manchmal schafft er tagelang gar nichts. Fühlt sich wie ausgebrannt. Dann reißt er sich wieder zusammen und macht weiter. Meistens ganz allein. „Das ist

Bilder vom Werden und Wachsen: Die Langzeitdokumentation des NDR zeigt den Wandel auf – von der leerstehenden Gutshausruine zum funktionierenden Lebensort.

ja meine Therapiemaßnahme hier – und da kann ich nicht so viele Leute gebrauchen. Ich wollte ja keine Gruppentherapie, sondern Einzeltherapie. Aber ich bin auch sonst gern alleine, mag es, für mich zu arbeiten, da muss ich nicht auf so viele andere Rücksicht nehmen und kann alles so machen, wie ich möchte und denke."

Ein erstes Fremdenzimmer nimmt Gestalt an. Lehmverputzte Wände, dunkle, alte Eichenmöbel. Ein schmiedeeisernes Bettgestell. Die Dielen sind grob sauber geschrubbt. Eine Wand ist nur gründlich abgewaschen und versiegelt. Der alte Putz, Farbreste und Löcher sind geblieben – sichtbare Geschichte. Das gestalterische Spiel mit dem nicht Perfekten. Hier hat jemand gewusst, was er will. „Ich war ja früher Deko-Tante", sagt Philipp und grinst.

Mühsam ernährt sich das Eichhörnchen. Kleinvieh macht auch Mist. Rom wurde nicht an einem Tag erbaut. Philipp Kaszay knuspert sich langsam durch sein Hexenhaus. Monat für Monat. Jahr für Jahr. Hier ein neues Fenster, dort das Einsetzen einer alten Tür. Räume entstehen. Im Turm des Hauses zieht er neue Balken und neue Dielen ein. Sparsam neue Farbe. Lehmputz nur an ausgewählte Innenwände. Hier oben entsteht vielleicht ein Honeymoon-Turmzimmer. Rapunzel, lass dein Haar herunter. Mit endlosem Blick nach Nordwesten ins weite eiszeitliche Tal der Recknitz.

Philipp ist inzwischen gut vernetzt in seiner neuen Heimat. Handwerker sind Freunde geworden, er hat Unterstützer, die anderen Gutshausretter schauen immer mal vorbei. Am häufigsten melden sich Knut und Christina aus Rensow. Nur fünfzehn Kilometer entfernt – wenn man die Schleichwege im Mecklenburger Parkland kennt. Philipp schlägt Wurzeln.

Die Leute vom Fernsehen haben ihn auch auf dem Zettel. Der NDR produziert seit 2013 eine Dokumentarreihe über die Mecklenburger Gutshäuser und ihre tapferen Wiedererwecker. Kobrow und sein neuer Bewahrer sind mittlerweile bundesweit bekannt. Ständig rufen jetzt Menschen an, die ihn im TV gesehen haben, die Philipps Schicksal berührt. Sie wollen helfen. Mit Zuspruch, mit Möbelgeschenken oder Hilfe am Bau. Die Tinnebergs aus Stendal waren da nur die ersten.

In der verstaubten Jacke seiner Bauklamotten bimmelt und vibriert wieder mal sein altes, zerkratztes Nokia-Handy. Philipp fingert das kleine Ding aus der Tasche und drückt auf den Knopf mit dem grünen Hörer. Eine Frauenstimme meldet sich, aus Grimmen: Leander ist tot. Sein Sohn. Leander, fünf Jahre alt, ist aus dem Mittagsschlaf nicht mehr aufgewacht. Die Atmung hat einfach ausgesetzt. Dass dieser Tag kommen würde, war allen klar. Aber jetzt ist er plötzlich da.

Philipp hat jedoch gar keine Zeit, sich zu entscheiden, ob er traurig oder vielleicht auch ein bisschen erleichtert sein soll. In seinem Briefkasten lauert schon die nächste Hiobsbotschaft: Post vom Insolvenzverwalter. Der Nachbar ist pleite. Ein Viehhändler aus dem Westen, der schon länger verschwunden ist. Und zahlungsunfähig sowieso. Was will der Insolvenzler? Ein Drittel von Philipps Grundstück. Das gehört angeblich dem nebulösen Nachbarn. So ist es aus irgendwelchen komplizierten Gründen im Grundbuch festgehalten. Philipp und der Verschwundene hatten mal getauscht. Der Nachbar wollte eine Wiese unten an der Recknitz, die noch zum Gutshausland gehörte, und Philipp brauchte ein Stück Land direkt am Haus. Jetzt soll alles wieder zurückgetauscht werden. Oder es muss Geld fließen.

Bald steht die Urne mit Leanders Asche in einem Stahlregal bei einem Bestatter in Vorpommern. Die Urne gehört nach Neu-Ulm, wo die Grabstätte der Familie liegt. Philipp darf die Asche seines Sohnes aber nicht selbst nach Süddeutschland bringen. Deutsche Gesetzgebung macht es unmöglich. Irgendein Paragraph aus den dreißiger Jahren.

Happy End mit Herrenhaus

Der Frühsommer 2016 ist verregnet und durchwachsen. Philipp Kaszay sucht Lösungen für Grab und Grundstück. Er findet beides. Leander wird wie geplant auf dem kleinen Friedhof von Neu-Ulm Holzschwang beerdigt, in der Familiengrabstätte, neben seiner Mutter. Und Philipps Eltern borgen ihm das nötige Geld, um die Forderungen aus dem Insolvenzverfahren des Nachbarn in einen Zugewinn zu verwandeln. Kaszays kaufen dem Verwalter das komplette Gelände nebenan ab. Alles. Ställe, Schuppen, Zufahrt, Weide. Blick frei ins Recknitztal! Gefahr abgewendet.

Damit endet auch eine andere Odyssee auf dem Gelände. Der ehemalige große Stall der Resthofstelle Kobrow, den man zu DDR-Zeiten umfunktioniert hatte zum Baubüro der LPG „Erster Mai", war 2013 eingestürzt. Die verfaulte hölzerne Dachkonstruktion hatte nachgegeben. Philipp brauchte zwei Jahre, um das zusammengefallene Haus abzutragen. Neben der Sanierung des Gutshauses hat er draußen monatelang Holz sortiert, Dachpappe und Steine. Dann bestellte er sich einen Bagger und Steinbrecher bei einem Abbruchunternehmer, um den gewaltigen Schuttberg abzutragen. Mehrere hundert Tonnen Beton- und Ziegelbruch lagern fortan auf einem großen Haufen.

Ein paar Jahre später will sich eine alte Freundin hier einen Reitplatz einrichten. „Philipp", sagt Philipp, „heißt ja ‚Pferdefreund'. Nur habe ich mit Pferden überhaupt nichts am Hut." Er verpachtet das nun ihm gehörende Gelände. Der Schuttberg verschwindet als ideales Füllmaterial für die geplante Reitfläche.

Das Leben bekommt einen ruhigeren Rhythmus. Der Spätsommer hat lange, schöne Abende, der Herbst ist milde, im Winter prasseln die gusseisernen Öfen im Haus.

Zwei große Wohnungen werden 2017 fertig für die Vermietung, und drei Fremdenzimmer. Immer

Mit Pferden eigentlich nichts am Hut, aber den Pferdefreund im Namen: Philipp Kaszay verpachtet eine Fläche an einen benachbarten Reiterhof.

***Kobrow liegt 40 Kilometer** entfernt von Rostock, am Rande des Recknitztales, an der heutigen Landesstraße 18 zwischen Laage und Tessin, .*
Anfang des 17.Jahrhunderts gehört ein Teil des Dorfes zu den Besitzungen von Caspar Winterfeld. Es ist ein Allodial-Rittergut, das heißt, es ist in freiem Besitz des Eigentümers, auch „Erbe und Eigen“ genannt.
Im Dreißigjährigen Krieg wird die Siedlung völlig zerstört. Danach wechseln die jeweiligen Besitzer und Pächter in schneller Folge.
Im Jahre 1858 kauft der Obrist-Lieutenant Ernst August Wilhelm von Bülow das Rittergut Kobrow. Im gleichen Jahr heiratet er Anna von Zepelin aus dem Hause Appelhagen. 1860 wird der erste Sohn Friedrich geboren, 1862 der zweite Sohn Bodo. Ernst August Wilhelm und seine Frau Anna bauen von 1862 bis 1863 ein neues Wohnhaus für die wachsende Familie – das heutige Gutshaus von Kobrow. Drei weitere Söhne werden in den Jahren 1863, 1868 und 1875 geboren. Bodo von Bülow, seit 1899 Besitzer des Gutes, erweist sich als kein guter Landwirt. Die Weltwirtschaftskrise der 1920er-Jahre und eine Landwirtschaftskrise treffen das Gut Kobrow hart. 1932 muss es zwangsversteigert werden.
Die sauerländische Siedlungsgesellschaft Iserlohn erwirbt das Objekt und lässt mehrere Siedlungshäuser auf dem Gelände errichten. 1937 leben dort 44 Siedler.
Nach dem Ende des Zweiten Weltkrieges werden Flüchtlinge in das Gutshaus einquartiert und später mehrere feste Wohnungen im Obergeschoss eingebaut. In der DDR nutzt man Teile des Erdgeschosses auch als Büro, Küche und Kantine für die LPG „Erster Mai“. Die letzten öffentlichen Nutzungen in den 1990er-Jahren sind ein Jugendklub und der Dorfkindergarten.
Im Herbst 2011 erwirbt Philipp Kaszay aus Neu-Ulm das Haus und ist bis heute mit der Sanierung beschäftigt.

mehr Sommergäste kommen und bringen Geld. Der Anfang einer eigenen Existenz mit Herrenhaus. Alles richtig gemacht. Philipps Angebot ist bald gelistet bei „Airbnb“ und landet schon nach einem halben Jahr auf Platz fünf im Ranking der beliebtesten deutschen Ferienwohnungen. Das Telefon bimmelt häufiger. Menschen, die schon mal Gast waren, solche, die länger bleiben wollen – oder die, die noch nicht in Kobrow waren, aber denen es empfohlen wurde.

Philipp öffnet sein Haus regelmäßig zur Sonnenwende Ende Juni für die „Mitsommerremise“, jene Veranstaltung, die er einst selbst besucht hat. Die Landfrauen schleppen quadratmeterweise Blechkuchen herbei, helfen beim Ausschank von Kaffee und Tee. Kinder toben durch den Garten, Familien lagern um einen brutzelnden Bratwurstgrill. Besucher schieben sich durchs Haus. Und Philipp und Paula sind mittendrin in diesem Trubel.

Die Erweckung des Dornröschen-schlosses

Ronald van der Starre und
Roland Tschersche auf DÖLITZ

Der kalte Atem der Geschichte

Irgendwo fällt eine Tür ins Schloss. Das dumpfe Klappen ist nicht zu überhören. Eine Kerzenflamme zittert. Kein Luftzug. Das Brennholz im gusseisernen Ofen knistert leise. Ein Ruf hallt durch das dunkle Haus: „Ronald?" Ein hohler entfernter Ruf: „Ronald!" Eine Frauenstimme. Alterslos. Klagend. Als wäre es nur eine Einbildung. Ronald van der Starre brütet gerade über einigen Zeichnungen und Bauplänen an seinem Schreibtisch im ersten Stock des Gutshauses von Dölitz. Er ist allein. Dann hört er noch einmal die Stimme. So ist das also, denkt er bei sich, wenn da noch eine verlorene Seele durchs Haus geistert. Ronald beugt sich wieder über das transparente Papier, greift sich Lineal, Zirkel, den schwarzen Zeichenstift und findet zurück in seine Arbeit. Der Spuk in seinem Schloss regt ihn nicht weiter auf. Er weiß, dass der Bau, in dem er seit ein paar Jahren wohnt, ein gutes Haus ist. Ein Gutshaus.

Wie ein Trumm steht es mitten in Dölitz, drei Kilometer südlich von Gnoien. Das winzige Dorf ist umgeben von weiten Ackerflächen. Im Sommer blüht der Raps chromgelb bis zum Horizont, wo sich ein halbes Dutzend Windräder dreht. Im Winter zieht es immer etwas hier auf dem Land. Eine klamme Brise pfeift dann über die weiten fruchtbaren Felder mit der dunklen schweren Krume. Die Bodenwerte sind gut. Die Ostsee ist nicht weit. Der feuchte Seewind schafft es bis hier. Oder es ist ein feiner langanhaltender Nieselregen, der von Nord- oder Südwesten kommt und überall hineinkriecht. Manchmal tagelang.

Schutzsuchend drängt sich das Dorf zwischen Büschen und Bäumen um einen Teich. Davor das Gutshaus: Ein imposanter Kasten. Mehr ein aufgebauschtes Bauernhaus als ein Schloss. Zwei hohe Stockwerke, Fachwerk, ein riesiges Ziegeldach. Putz blättert oder ist komplett abgefallen. In der Zufahrt türmen sich Baumaterialien, Haufen mit Schutt. Ein ehemals silberner Mercedes

Vito Transporter parkt leise rostend an der Stirnseite des Hauses.

Drinnen dunkle hohe Räume im Erdgeschoss. Ein großes Foyer. Nach rechts öffnet sich ein imposanter Saal mit Flügeltüren. Links zwei große Wohnräume ebenfalls mit doppelten Türen. Zusammen bilden sie mit Saal und Halle die Längsachse des Hauses. Eine beeindruckende Enfilade, wenn der Betrachter durchs gesamte Erdgeschoss und durch die Gartentür am anderen Ende bis in den barock angelegten Park schauen kann. Und auch dort saugt eine Rasterpflanzung uralter Linden den Blick immer weiter hinaus in die Ferne. Beziehungsweise bis zum Friedhof von Dölitz, der am Gutshauspark liegt. Eine kleine Kapelle, ein paar Gräber.

Es ist fast vierhundert Jahre her, dass marodierende Truppen durch Mecklenburg und Vorpommern zogen. Angeführt durch Albrecht Wenzel Eusebius von Wallenstein, einem Feldherrn aus Böhmen, der auf der Seite der kaiserlichen Truppen kämpfte und für die katholische Liga. Der sogenannte Dreißigjährige Krieg begann als Glaubenskrieg zwischen Katholiken und Protestanten. Ganze Landstriche wurden durch Kämpfe und Brandschatzungen verwüstet. Es war die Hölle.

Die Soldaten nahmen sich, was ihnen gefiel, vergewaltigten Mädchen und Frauen, beschlagnahmten ganze Ernten und Vieh. Wer sich widersetzte, wurde erstochen, erschlagen oder aufgeknüpft. An stabilen Eichenbäumen auf dem Land baumelten die Toten. Seuchen brachen aus. Wer Feind oder Freund war, konnte keiner mehr so richtig unterscheiden. Alle drehten durch. Feldherr von Wallenstein nannte sich jetzt „General des Ozeanischen Meeres“. Eine Zeit, angefüllt mit Wahnsinn und Wut, die Äcker und Wiesen ge-

Dornröschenschloss in Dölitz. 20 Jahre Leerstand hatten ein großes Loch im Dach zur Folge.

tränkt mit dem Blut von abertausenden unglückseligen Menschen. Ganze Dörfer machten die kämpfenden Banden dem Erdboden gleich. Auch der kleine Flecken Dölitz, der sich in die mecklenburgische Scholle duckte, blieb nicht verschont. Dölitz wurde geschliffen. Das uralte Rittergut brannte bis auf die Grundmauern ab. Der ganze Landstrich war wie entvölkert.

Kaum war der Frieden wiederhergestellt, kamen neue Ritter nach Mecklenburg. Glücksritter wie Hans Friedrich von Lehsten vergrößerten ihre Güter so gut sie konnten. Dölitz umfasste am Ende dieser Periode 1500 Hektar und besaß ab 1665 auch ein neues Gutshaus. Es war ein florierendes Gut mit Orangerie und einem repräsentativen Irrgarten, in dem Gäste flanierten und herrschaftliche Versteckspiele zum Zeitvertreib stattfanden. Die damaligen Gutsherren waren oftmals Landräte mit besten Verbindungen zum Herzog – und sie zeigten das auch.

Das repräsentative Haus mit seinen einschüchternd hohen Decken im Erdgeschoss ruht auf den Grundmauern des im Krieg geschliffenen Anwesens. Dessen Keller hat die Stürme der Geschichte fast unbeschadet überstanden – dunkel, feucht und gleichgültig.

Der Keller, das haben Ronald van der Starre und Knut Splett-Henning schnell herausgefunden, ist wahrscheinlich von 1420. Knut und Ronald führen eine Art Wettbewerb, wer das ältere Haus hat. Gerade liegt Ronald vorn. Die Grundmauern von Knuts Haus in Rensow sind höchstens 450 Jahre alt. Ronalds 600 Jahre alter Keller ist ein düsteres trutziges Tonnengewölbe mit meterdicken Wänden, geheimnisvollen Kammern und Gängen, von denen einer unter dem Haus herausführt zu einem tiefen Brunnen.

Vielleicht kommt der Spuk von dort. Oder es hat mit Sophia Krämer zu tun, einer unter ungeklärten Umständen zu Tode gekommenen Frau, die auf dem Kirchhof im benachbarten Boddin liegt und nicht auf dem Dölitzer Friedhof am Gutsschloss, wo sie einst als Tochter der Gutsfamilie Krämer gewohnt hat.

Um das Schicksal der Verstorbenen und ihrer Eltern rankt noch eine weitere Legende. Eine Art post-mortem-Krimi. Die Krämers waren in einer Art Ehrentempel auf dem Friedhof von Boddin bestattet. Als Patronatsherren der Kirche lagen sie neben dem ebenfalls verblichenen Pastorenpaar. In der DDR brauchte man für Beerdigungen eine neutrale Aussegnungshalle. Der Tempel auf dem Kirchhof, im griechischen Stil, passte gut. Die sterblichen Überreste darin wurden hastig irgendwo auf dem Boddiner Gräberfeld verscharrt. Dort liegen sie bis heute.

Das lässt der armen Seele vielleicht keine Ruhe, sie will zurück. Könnte doch sein?! Das Übersinnliche ist Ronald nicht fremd. In seiner Schreibtischschublade bewahrt er Pendel und Wünschelrute auf. Wobei das Pendel kein Pendel, sondern ein Tensor ist. Ein hölzernes Griffstück, aus dem ein dünner Federdraht ragt. An dessen Ende schwingt leicht zitternd ein fein gearbeiteter Ring aus hellem Holz. „Der Tensor", sagt Ronald, „beantwortet gewisse Fragestellungen." Gut oder schlecht, ja oder nein. Die Rute dagegen zeigt Energien an. Schwingungen, Wasseradern. „Ich bin zusammen mit einer Bekannten aus Rostock das ganze Grundstück abgegangen mit der Rute. Das war während der ersten Arbeiten hier, beim Verlegen von Gas- und Stromleitungen. Wir kamen an eine Stelle, da merkte ich, hier müsste eigentlich Wasser sein." Am nächsten Tag rutschte ein Minibagger genau an dieser Stelle in ein unsichtbares Loch. Ein alter Brunnen aus dem Mittelalter, abgedeckt und vergessen. „Den wollen wir wieder aktivieren", sagt Ronald.

Mit „wir" meint er sich und seinen Lebenspartner Roland Tschersche, der in Köln lebt und arbeitet und zwischen Rhein und Ostsee hin und her pendelt. Und ihre drei Pflegekinder Benjamin, Jonathan und Alexander, die inzwischen in Laage

Die neuen Hausbewohner und -bewahrer von Dölitz: Roland Tschersche und Ronald van der Starre in ihrer Gutshausküche

und Lüchow zur Schule gehen. Eine Regenbogenfamilie mit weitläufigem Migrationshintergrund, Ronald van der Starre ist in den Niederlanden geboren und wuchs im belgischen Oostkerke auf, zwischen Knokke und Brügge an der Nordseeküste. Joni hat thailändische Eltern, Ali polnische und Benjamin einen türkischen Vater. Das Leben ist bunt.

Birkenbäume im Obergeschoss

Sechs Jahre zuvor: Sie sind schon eine gefühlte Ewigkeit unterwegs in ihrem VW Passat Kombi. Die beiden Männer, die Jungs und der Hund. Quer durch Deutschland, jedes Wochenende, zwei Jahre lang. Das Haus in Groß Glienicke bei Potsdam, das die Männerfamilie bewohnt, passt nicht mehr. Also muss etwas Neues her. Der Kombi zuckelt durch die Eifel, über die Rhön. Bergauf, bergab. Von Dorf zu Dorf. Sie suchen etwas Besonderes und in der Natur. Brandenburg kommt nicht in Frage, liegt viel zu dicht an Berlin.

Mittlerweile haben sie schon ziemlich viele deutsche Gegenden abgegrast. In diesem Sommer 2014 nehmen sie sich Mecklenburg-Vorpommern vor. Wenig Bevölkerung, viel Platz, Ostsee erreichbar. Warum nicht!?

Auf einer ihrer Touren lernen sie hier Knut Splett-Henning und Christina von Ahlefeldt in Rensow kennen. Sie haben die beiden schon mal im TV gesehen. Beim NDR. Ein Film über Leute auf dem platten Land, die in uralten Häusern wohnen und diese nicht totsanieren.

Sie buchen die Madonnenstube bei den beiden im Haus. In der Gutshausküche wird getafelt, getrunken, gequatscht und gelacht bis weit

Pläne schmieden in der Küche von Rensow: Der Architekt Ronald van der Starre ist ein hochwillkommener Neuzugang in der Gutshausretterrunde.

nach Mitternacht – ein toller Abend. Es geht um Politik, Lebenswege, alte Häuser und den Barock. Am nächsten Morgen müssen Ronald und die seinen allerdings feststellen, dass aus der Dusche kein Warmwasser kommt. Was sie nicht wissen können: Knuts Konto ist gerade mal wieder ausgeräumt. Er hat kein Geld mehr, um die Gasrechnung zu bezahlen, weil das ganze Guthaben bis auf den letzten Cent für ein neues Gutshausabenteuer draufgegangen ist. Dölitz! Eine Ruine nur 15 Kilometer entfernt. Das Dach hat ein Loch. Im Obergeschoss wachsen Birken aus dem Dielenfußboden. Das Sonnenlicht scheint durch bis in den Saal.

Knut hat das Gutshaus gerade gekauft. Was er damit anfangen will, weiß er noch nicht. Erst mal retten. Keiner sonst wollte es haben.

Ronald fühlt sich angezogen von den exzentrischen Vermietern in Rensow. Deren drei Kinder Vilhelmine, Bendix und Balthasar toben durchs Haus, eine riesige rabenschwarze dänische Dogge beschnuppert aufmerksam jeden neuen Gast, draußen kreischen die Pfauen. Und drinnen das Haus, Christinas Gestaltung, strictly spätbarock, mit bizarren, morbiden Dekoelementen aus der Natur. Tierschädel, Knochen, knorrige Skulpturen aus vertrockneten Ästen und Wurzeln. Ein Knaller, denkt Ronald. Die Chemie stimmt sofort. So ein Haus, merken Ronald und Roland, wollen sie auch.

„In meiner Schulzeit hatte ich immer zwei Traumberufe gleichzeitig, nämlich Architekt und Landwirt", erzählt Ronald. „Als Kind bin ich gern in der Natur herumgekrochen und kam dann immer mit allerlei Getier in den Taschen nach Hause."

2016 dann kriechen und krabbeln der Architekt Ronald van der Starre und der Guthausretter

Knut Splett-Henning durch die Keller und Etagen des düsteren Herrenhauses von Dölitz. Bei ihrem dritten Besuch in Rensow hat Knut es den beiden Gästen aus Potsdam erzählt: Er gebe da vielleicht ein Haus für sie. Er habe es vor zwei Jahren gekauft, gesäubert, entmüllt und das Loch im Dach provisorisch schließen lassen. Fast 20 Jahre stand es leer. Davor war es Kneipe, Konsum und Kulturhaus. Der letzte Bewohner zog zur Jahrtausendwende aus und eine Birke zog wenig später ein, nachdem eine steife Mecklenburger Brise zuerst ein paar Dachziegel fortgerissen und später einen Samen auf die durchfeuchteten Eichendielen im ersten Stock geworfen hatte. Das Bäumchen wuchs, mitten im Raum, andere folgten.

Aber so wie die Birke wuchs auch mit den Jahren das Vertrauen von Knut in die Grundsubstanz jahrhundertealter Häuser – und Ronald, der Architekt, weiß ohnehin, was so ein altes Gemäuer abkann. Alle anderen würden behaupten, die beiden wären verrückt. Das große Loch im Dach, nur notdürftig geflickt, stört Ronald kaum. Eine Außenwand nach Nordosten macht ihm da schon mehr Sorgen. Die droht abzurutschen. Aber sonst? Warum nicht!

„Das Haus hat einen entscheidenden Vorteil", erläutert Knut. „Über 150 Jahre lang war das Gut in erster Linie ein Pachtgut – und die Folge bei so einer Geschichte ist natürlich, dass ein Pächter nichts Grundlegendes an dem Haus ändert, wenig investiert in die Substanz des Gebäudes. Und deshalb ist es dann auch nicht im 19. Jahrhundert überformt oder umgebaut worden. Das Anwesen samt Park ist daher im barocken Stil erhalten geblieben."

Die beiden tasten sich vom Foyer durch die Dunkelheit – die Fenster sind zugenagelt – bis in den Windfang des Eingangs vor. Sie stehen vor

Viele haben gedacht, das Haus sei nicht mehr zu retten. Mit Löchern im Dach und Birken, die aus dem Fußboden wachsen.

einer doppelten Tür. Knut fummelt mit einer Taschenlampe herum. Ihr Lichtstrahl fällt auf ein rostiges Kastenschloss mit schmucklosem Griffstück. Ein Detail nur. Aber im wahrsten Sinne des Wortes ein handfestes. „Die Tür müsste noch aus dem Barock stammen", orakelt Knut. „Das sieht man hier schön, weil das originale Schloss und auch die original barocken Beschläge vorhanden sind." Zuhause in Rensow hängt die ganze Gutshausküche von Knut und Christina voll mit barocken Schlüsseln, Schlössern und anderen handgeschmiedeten Schließmechanismen. Knut sammelt barocke Schlösser. Im doppelten Wortsinn. Die großen und die kleinen. „Das Türschloss hier ist weitestgehend im Originalzustand", sagt er und fügt hinzu: „So etwas sieht man normalerweise gar nicht mehr. Höchstens auf dem Flohmarkt." Möglicherweise hat das Haus ja seine Seele behalten. Oder es bewahrt noch die Seelen seiner Bewohner auf. Wie ein metaphysischer Container. Eine Zeitmaschine. Wer weiß das schon.

Eigentlich leben sie alle in großen Zeitmaschinen aus gebrannten Ziegeln, Eichenholzbalken und Granit – die Gutshausretter in ihren jahrhundertealten Häusern. Aber Dölitz ist anders in seinem barocken Grundriss. Knut und Christina hatten beim Entkernen sogar geschnitzte hölzerne Säulen gefunden, eine 400 Jahre alte Kamineinfassung und Tapetenreste, die noch so ursprünglich aussahen, dass man beinahe den frischen Pfeifenrauch der längst verblichenen Gutsherren aus ihnen erschnuppern konnte. Zur ersten kleinen Party, die sie feierten – nur bei Kerzenschein und Kaminfeuer, im Dezember, es war grauenhaft kalt, die Gäste hatten beim Sprechen Dampfwolken vor den Mündern – kam das halbe Dorf. Und das war das wichtig. „So ein Haus, das sollte mal wieder bespielt werden, da soll mal wieder Musik drin sein, da soll mal wieder gelacht werden, da sollen mal wieder Leute kommen. Da müssen Stimmen drin schwingen und die Türen klappen", erklärt Knut seine von Außenstehenden vielleicht für voreilig gehaltenen Veranstaltungsideen. Das Haus will leben! Und gerade dieses Gutshaus in Dölitz, das noch echt ist. Echt barock.

Das Stahl des Mittelalters

Drei Jahre später: Ronald van der Starre kann jetzt, als Eigentümer von Schloss Dölitz, Architekt und Landwirt gleichzeitig sein. Und Seher. Beziehungsweise Hörer. Denn die Stimme, die gerade irgendwo dort unten im Haus erschallt, hört er immer mal wieder.

Diesmal rumort es jedoch auch noch. Die Treppe knarrt. Eine Tür schlägt sehr laut zu. „So eine Scheiße mit Mathe heute", mault Pflegekind Ben. Schlurft durch den Treppenflur und feuert seine Schultasche auf das Ledersofa im Wohnraum unten. Ida, die irische Wolfshündin, verzieht sich lieber, Kater Kuschel springt mit einem Satz einen Sessel weiter. Die Stimme war also nur Ben. Diesmal.

Etwas später am Tag, die Mathe-Hausaufgaben sind erledigt, erzählt Ben aber auch von der Frauenstimme im Haus. Nicht weiter schlimm, er dachte, da wäre eben jemand. Ronald macht Augen: „Du hast die auch gehört?!" Ben sagt: „Ja klar, die hat aber nur meinen Namen gerufen, sonst nichts." Ronald zuckt mit den Schultern, Ben wendet sich wieder seinem Computerbildschirm zu.

Na, da ist man ja wenigstens nie allein zu Haus, denkt sich Ronald und kehrt an seinen Schreibtisch zurück, auf dem kein Computer steht. „Ich zeichne lieber mit der Hand", sagt er. „Alles, was nicht auf ein A3-Blatt passt, ist mir sowieso zu groß." Und Angst vor dem Spukschloss, in dem er mit seiner Familie wohnt? „Nö." Es ist gerade andersherum, findet er. Es ist großer Respekt vor dem beeindruckenden Bau. Und keine mindere Achtung hegt der Architekt vor den Materialien, die in seinem Haus verwendet wurden. Das Fachwerk ist schief-

*Sie haben keine Angst vor dem riesigen, stark reparaturbedürftigen Haus:
Roland Tscherschе und Ronald van der Starre trauen dem teilweise gut 400 Jahre alten Bau.*

lastig wie ein überladenes Schiff und wirkt stellenweise gebeugt, aber es ist Eiche! Die dicken Deckenbalken: Eiche! Dielen und Säulen: Eiche! „Das findet man nicht so oft auf dem Land. Denn Eichenholz gehörte damals dem Herzog. Und wenn du Eichenholz in deinem Haus verbauen konntest, hattest du quasi Verbindungen nach ganz oben." Eiche ist der beste und stabilste Baustoff der damaligen Zeit. Es ist der Stahl des Mittelalters.

Ein Schatz im Dachgeschoss

Weder die ätherische Frauenstimme noch der Klang der knarzenden Hölzer im Haus oder das Rieseln losen Putzes stören Ronald und Roland, die beiden Familienväter. Roland Tscherschе, dessen Arbeitsleben nach wie vor in Köln stattfindet, als Mitarbeiter der Gleichstellungsbeauftragten des Universitätsklinikums, macht sich größere Sorgen um die Mauersegler, die sich im ganzen Haus eingenistet haben. „Die wohnen hier seit über zwanzig Jahren – und jetzt kommen wir. Da fände ich es wirklich unfair, wenn wir die jetzt einfach vertreiben würden." Und Ronald fände es genauso unpassend, dem Haus eine Totalsanierung überzustülpen. Dann wäre vielleicht nicht nur die umhergeisternde Seele der Sophia Krämer verschwunden, sondern die Seele des gesamten Schlosses ebenfalls. „Wir versuchen, dem Haus zuzuhören", sagen die beiden neuen Besitzer. „Es ist eine partnerschaftliche Verbindung, zwischen ihm und uns."

Dank dieser behutsamen Verbindung zwischen Mensch und Gemäuer gelingen dann auch spektakuläre Entdeckungen. Das riesige Dölitzer Dach, zwei Stockwerke hoch und seit Jahrhunderten ungenutzt, einfach nur ein leerer Helm auf dem Haus, birgt einen Schatz, den die Gutshausretter bald entdecken. Auf der Unterseite von halbmeterbreiten und sehr langen Eichenbohlen, die als Abdeckung für das Geschoss darun-

Runter mit dem grauen DDR-Putz von der Giebelwandfassade: Das befreit das Haus von unwürdigem Ballast.

Überraschungsfund in der Zwischendecke: Grisaille-Malerei, mindestens 300 Jahre alt. Das war die Dekoration im Barock.

ter lose auf den Deckenbalken liegen, leuchten grau-blau-schwarze Blumenornamente. Alt auf den ersten Blick. „Sehr alt sogar", weiß Ronald van der Starre zu berichten. „Das ist französische Grisaille-Malerei. Vor über dreihundert Jahren entstanden." Ronald dreht vorsichtig die gewaltigen eichenen Dielen um, eine nach der anderen. „Das muss aus der Übergangszeit von Renaissance zum Barock stammen." Er ist begeistert: „Ich hätte nie gedacht, so etwas hier noch zu finden!" Die recht gut erhaltenen Ornamente konnten nur überdauern, weil alle früheren Bewohner und Eigentümer das Dach in Ruhe gelassen haben. Eine Bestätigung für Ronald und Roland, mit Um- und Vorsicht auch den Rest des Hauses zu behandeln.

So haben sie in den Räumen nur den losen Putz abgeschlagen. Vorher alte Tapeten abgerissen. Rohe Wände sind geblieben, eichenes stabiles Fachwerk, alte Türen mit verschiedenen Farbschichten, teilweise abgeblättert. Die Räume sind hoch, knapp vier Meter. Im Erdgeschoss hängt ein

wuchtiger Kronleuchter, ein langer Eichentisch steht vor der offenen Küche. Platz ohne Ende. Alles wirkt erhaben. Trotz des unfertigen Eindrucks. „Was heißt denn nicht fertig", fragt Ronald. „Was ist denn fertig? Tapete und geschliffene, geölte Dielen sind uns nicht so wichtig. Es geht eher um Grundsätzliches." Er wolle dem Haus nicht mit der Botoxspritze beikommen, um die Falten und Risse zu beseitigen. Es ginge nicht um eine Verjüngungskur, sondern darum, der alten Dame Gutshaus ein würdiges Weiterleben zu ermöglichen. „Wir wollen sie nicht verbiegen", sagt Ronald. „Und uns auch nicht." Manchem Besucher muss er den Zustand des Gebäudes erklären, in dem sie seit über drei Jahren wohnen. „Damit die Leute nicht denken, ich wäre ein fauler Sack", grinst Ronald, der Architekt. Es ist das Konzept. Dölicious – eine Mischung aus Dölitz und delicious. Dörflich delikat sozusagen.

Dänemark connection und Russischer Abend

Es mag von außen nicht so aussehen, wie man sich ein Eigenheim vorstellt. Aber innen knistern gemütlich eiserne dänische Kaminöfen. Strom und fließend Wasser funktionieren. Man kann leben in Schloss Dölitz. Die Fenster im Haus sind gebraucht gekauft, über 100 Jahre alte Dinger mit vielen Sprossen und alten Gläsern, von einem Gebrauchtbaustoffhändler aus Kopenhagen. Dort wurde eine historische Kaserne saniert und 80 gleichgroße Fenster, zwei mal ein Meter, waren plötzlich zu haben. Die Gutshausretterzentrale in Rensow hatte den ganzen Posten im Internet entdeckt. Und Ronald van der Starre hat beherzt 40 Stück gekauft. Mit ihrer Dänemark-Connection verhelfen Knut Splett-Henning und Christina von Ahlefeldt sich selbst und den Neuankömmlingen in der Mecklenburger Gutshausszene zu Ausrüstung und Material. Die dänischen Fenster passten wie durch ein Wunder auch in Dölitz. Sie hat-

Nicht nur Kater Kuschel fühlt sich hier wohl. Rohe Wände, alte Materialien und das Licht, das durch die alten Fenster in Dölitz strömt, erzeugen eine magische Stimmung.

ten das gleiche Maß wie die leeren Fensterlöcher. Alles hängt zusammen. Damals wie heute.

Und auch die Gutshausretter kommen sich immer näher. An einem Abend im November 2017 laden Ronald van der Starre und Roland Tscherische zu sich nach Hause ein. Zu einem „Russischen Abend". 1712 hat sich Zar Peter I. von Russland in der Gegend aufgehalten. In Stralsund sei er gewesen, in Wolgast und Stettin. Und er soll von Dargun nach Laage gezogen sein, um dort an wichtigen Friedensverhandlungen unter anderem mit August dem Starken teilzunehmen.

Es war wieder mal eine Zeit, in der ein verheerender Krieg die ganze Gegend verwüstete. Gutshaus Dölitz hat auch den Großen Nordischen Krieg miterlebt und dessen Pommernfeldzüge, als Dänen, Polen und Sachsen gegen die Schweden kämpften. Zuerst mit den Russen und dann ohne sie. Das damalige Gemetzel fand 1721 ein Ende. Grund genug, fast 300 Jahre später einmal ordentlich zu feiern, finden die beiden Hausherren. Zumal noch ein weiteres Ereignis dieser Zeit verbrieft ist, das direkt mit dem Dölitzer Gut zu tun hat: die barocke, schlossähnliche Fassade, die ebenfalls um 1720 an das Haus gebaut wurde. Es soll folglich ein „dölitziöser" Abend werden. So steht es jedenfalls auf der Einladung. Das weitere Motto der Party: „Peter meets August". Die Geschichte lebt und das Gutshaus von Dölitz auch.

80 Gäste kommen. Freunde, Helfer und viele neue Gutsherren aus der Gegend. Aus Rensow und Kobrow, aus Bobbin, Dersentin und Tessin. Es ist ein großes Hallo in der Gutshausdiele von Dölitz. Dutzende Kerzen brennen und flackern. Pflegekind Alex, ein kleiner vierjähriger Kobold, tobt durch die Menge. Ronald und Roland schenken Begrüßungsgetränke aus. Wodka, in 100-Gramm-Gläsern, oder Wein in Weiß und Rot. Knut Splett-Henning und Christina von Ahlefeldt aus Rensow dürfen natürlich nicht fehlen. Schließlich haben die beiden das Anwesen in Dölitz entdeckt und mit „Erste-Hilfe-Maßnahmen" wiederbelebt. Christina trägt einen langen Robbenfellmantel aus Grönland und eine russische Schapka. Knuts Beine stecken in ledernen Knobelbechern wie bei Ritter Runkel. Es wird getrunken, gelacht und palavert. Alle sind fröhlich!

„Gutshaus Dölitz hätte", schwärmt Knut, „kaum einen besseren Besitzer finden können. Es ist wahnsinnig schön zu sehen, dass das Haus wiederbelebt ist. Dass da jetzt eine Familie mit Kindern drin wohnt, ist schon genau richtig. Wir bereuen also nicht, hier angefangen und das Projekt dann weitergegeben zu haben. Es gibt ja so einige Leute, die nenne ich immer Altbauexorzisten. Die merzen mit einer Gründlichkeit die Seele des Hauses aus, aber hier ist das auf keinen Fall so. Hier wurde die Seele erkannt und hier ist irgendwie auch eine neue Seele eingebaut worden."

Die russische Seele jedenfalls fühlt sich sehr wohl an diesem kalten Novemberabend in Dölitz. Der Chor „Nadeshda" aus Rostock hat sich aufgebaut unten im Saal. Erst wimmert ein Keybord, dann verstummen langsam die Gespräche. Die Freunde der russischen Sprache schmettern

Feuerschale an und das Fest kann beginnen: Ronald und Roland haben zum Russischen Abend geladen.

alsbald Wetschernij Swon, Katjuscha, Kalinka. Am Ende singen alle mit. Oder bewegen wenigstens den Mund. Achtzig Menschen im Saal, Kerzenlicht, der Kamin prasselt, der Wodka strömt durch die Adern der Besucher. Es wird warm im Haus. Gläser klirren und klingen anheimelnd, Türen klappen, Stimmen vibrieren in der stickigen Luft. Es ist wieder was los in dem lange so ruhigen Haus, das zwanzig Jahre lang eingewachsen war wie ein Dornröschenschloss. Die einsame Seele, die seit Jahrhunderten durch die Räume geistert, ist nicht mehr allein.

***Das Gutsdorf Dölitz** liegt drei Kilometer südlich von Gnoien. Erstmalige Erwähnung findet Dölitz 1262 als Besitz der Familie de Warborch, Heinrich dem Löwen nahestehend. Gleiches gilt für die Familie Gesewitz aus Sachsen, die von 1314 bis 1448 Eigentümerin des Anwesens ist. Wahrscheinlich in dieser Zeit entsteht das erste Gutshaus, von dem der Keller erhalten geblieben ist.*

Der erste nachgewiesene Besitzer ist Eggert von Lewezow aus dem Hause Lunow, geboren 1423. Das Gut bleibt 200 Jahre lang im Eigentum der Familie.

Unter Hans Friedrich von Lehsten, verheiratet mit Katharina von Lewezow, wird um 1681 wohl das heutige Gutshaus auf den mittelalterlichen Kellergewölben des Vorgängerbaus errichtet. Ein Umbau erfolgt um das Jahr 1720 durch den Sohn Christian Wilhelm von Lehsten. Die Fassade erhält ihre bis heute weitgehend bewahrte barocke Gestaltung, rückwärtig bleibt die Fachwerkstruktur erhalten.

Anfang des 19. Jahrhunderts geht Dölitz in den Besitz der Familie von Behr-Negendank über. Die verpachten das Gut eine Weile, unter anderem an einen Daniel Krämer. 1931 geht das gesamte Gut an die Landgesellschaft Mecklenburg. Das Dorf wird aufgesiedelt. Der neue Eigentümer wandelt das Haus in eine Pension um und richtet einen Dorfladen ein. Die letzte Nachfahrin der Familie Behr-Negendank wohnt bis zu ihrem Tode in einer kleinen Wohnung im Obergeschoss.

Nach dem Zweiten Weltkrieg dient das Gutshaus als Flüchtlingsunterkunft, in der DDR sind in ihm Kulturräume, eine Gaststätte und eine Konsum-Verkaufsstelle untergebracht.

Nachdem das Haus fast 25 Jahre leer stand, kauft 2014 Christina von Ahlefeldt aus Rensow das Haus. Alle nachträglichen Einbauten werden entfernt, der Bau gesichert und Schäden im Dach repariert. Zwei Jahre später erwirbt der Architekt Ronald van der Starre das Haus und bewohnt es zusammen mit seinem Partner Roland Tschersche, drei Pflegekindern, dem Irischen Wolfshund Ida und dem orange-getigerten Kater Kuschel. Die jetzigen Eigentümer bewahren den barocken Bau in seiner Ursprünglichkeit und haben ihn in Teilen für die Öffentlichkeit nutzbar gemacht. Am Haus befindet sich eine barocke Parkanlage von fast zwei Hektar Größe mit altem Baumbestand.

Zweisamkeit in der Zeitmaschine

Albrecht Bolz und Hans-Jürgen Kuhrt auf VILZ

Alle haben furchtbare Angst in diesen Wochen im April 1945. „Der Russe steht schon bei Stralsund“, heißt es von den chaotisch heranströmenden Flüchtlingen aus dem Osten. Riesige Trecks ziehen übers Land. Zu Fuß, mit Pferden und auf Ochsenkarren, die turmhoch beladen sind. Die grauen Gesichter der Menschen sind ein Spiegel von dem, was sie schon sehen mussten. Die Gestalten sind zerlumpt, verängstigt, getrieben von der Angst. Über die Landstraßen von Dargun und Gnoien nähern sie sich Tessin, einem kleinen Ackerbürgerstädtchen, dass sich im weiten Tal der Recknitz versteckt. „Die Russen kommen!“

Am Rande des eiszeitlichen Flussbettes, malerisch gelegen am Hang, mit weitem Blick nach Westen bis zur Silhouette Tessins, mit der vertrauten Dorfkirche im Rücken, deren hölzerner Glockenturm neben dem Gotteshaus trutzig auf dem Rasen steht, liegt das Gutshaus von Vilz. Wo der fanatische Nazi wohnt. Und lehrt. Denn das Gut wurde schon in den zwanziger Jahren nach der großen Weltwirtschaftskrise aufgesiedelt und das Herrenhaus 1928 in eine Schule umgewandelt. Der alte Dorflehrer Hermann Behrens ist Vertrauensmann der Hitlerjugend und glaubt an den Endsieg. An die Wand im Turnsaal im Erdgeschoss hat er sich ein Zitat von Adolf Hitler pinseln lassen: „Die Gemeinschaft löst Fragen, an denen der Einzelne verzweifeln würde oder scheitern müsste.“

In den Wiesen an der Recknitz summen die Bienen, Frühlingsgrün sprießt an den Linden vor dem Haus und in den Birken an der Dorfstraße. Die Sonne wärmt nach dem langen schrecklichen Kriegswinter endlich wieder. Das Gras im Tal quietscht grün. Ein Duft nach Blüten und Leben und Wonne strömt durch das Dorf und alle lebendigen Menschen. Aber auch die Nachricht ist bis ins Haus gedrungen, dass jetzt alles aus und der „Iwan“ im Anmarsch ist. Volkssturm formiert sich an der Recknitzbrücke. Halbwüchsige hantieren mit Panzerfäusten. Verängstigte Wehrmachtssoldaten schleichen durch den Wald Richtung Westen, haben ihre Karabiner in den Fluss geschmissen. Die Enkel der Lehrerfamilie spielen schon seit einiger Zeit nicht mehr draußen. Ihre Mutter, Käthe Harm, die Tochter des Dorflehrers, und mit einem NSDAP-Funktionär aus Tessin verheiratet, schneidet ihnen gerade die Pulsadern auf. In ihren Kinderzimmern im Obergeschoss. Antje, Claus und Jörg schreien und winden sich. Die Mutter säbelt und sticht und schneidet dann dilettantisch an ihren eigenen Armen herum, um sich selbst auch ins Jenseits zu befördern. Im Gutshaus ist überall Blut. Lieber sterben als den wütenden Russen in die Hände fallen. Der Blick der Mutter verschwimmt, alles wird unscharf. Ist das schon der Tod, der da kommt?

Die drei Kinder in ihrem unbändigen Lebenswillen sind plötzlich weg und rennen nach draußen. Sie, sechs, acht und zwei Jahre alt, wanken den Weg hinunter Richtung Landstraße. Eine Bauernfamilie findet die weinenden Kinder. Sie verbindet die nicht längs, sondern nur quer aufgeschnittenen Pulsadern. Schön fest, mit Streifen aus hastig zerrissenen Leinentischdecken, um die pulsierende Blutung zu stoppen. Auf der großen Treppe im Haus liegt kopfunter der fanatische Nazi-Lehrer. Mit einer Heugabel im Rücken, erstochen von Zwangsarbeitern, die sich selbst befreit haben. Seine Frau Marie hat sich mit einem Strick im Dachgebälk erhängt.

Auch ihre drei Enkelkinder überleben diesen 2. Mai 1945 nicht. Mit notdürftig verbundenen Pulsadern laufen sie zurück ins Gutshaus. Trotz allem der einzige Ort, an dem sie sich sicher fühlen. Aber dort findet sie ihre Mutter und bringt ihr tödliches Werk zu Ende. Insgesamt sechs Menschen sterben an diesem sonnigen Frühlingstag im Gutshaus Vilz. Sie werden hastig hinter dem Schweinestall begraben. Im Dorf spricht man nicht mehr darüber.

„Bist du denn verrückt geworden?"

58 Jahre später, 2003, suchen Albrecht Bolz und Hans-Jürgen Kuhrt im Internet. Sie surfen durch diverse Immobilienangebote. Die beiden leben in Köln in einer 100-Quadratmeter-Altbauwohnung. „Viel zu klein", sagt Albrecht und blinzelt durch seine Lesebrille. „Ich weiß ja nie, wohin mit meinen vielen Büchern." Er ist leidenschaftlicher Ahnenforscher, lebt mehr in der Vergangenheit als im Hier und Jetzt. In dutzenden durchhängenden Regalen lagern hunderte Nachschlagewerke, Jahresausgaben der Ahnenforschungsgesellschaft, Namenskataloge und Adelsregister. Auf den Dielenfußböden von Wohnzimmer, Schlafzimmer und Korridor wuchern meterhoch die Bücherstapel empor: Nachlässe anderer fleißiger Ahnenforscher, Familienbücher, Sammelbände, Folianten, Broschüren, Hefte. „Man kommt nicht mehr durch", beschwert sich Lebenspartner Hans-Jürgen. Es reicht. Ein Haus muss her. Was Großes.

Sie beginnen mit der Suche in der Nähe, auf dem Land, im Bergischen Land und in der Eifel. Aber da sind die Häuser entweder unbezahlbar", sagt Hans-Jürgen leicht genervt, „oder sie sind Schrott." Sie suchen weiter und kommen dabei immer weiter nach Norden. Bis sie auf ein Anwesen im fernen Mecklenburg stoßen: das Gutshaus Vilz bei Tessin. Es gibt noch drei Mieter. Zwei wollen bald ausziehen. „Den letzten könnten wir übernehmen und haben gleich eine kleine Einnahme", sagt Albrecht. In der Woche darauf fährt er in den Norden, um sich die Immobilie einmal anzuschauen. Hans-Jürgen kann nicht mit. Er, der Gartenbauingenieur und Florist, muss sich um seinen Blumenladen in der Kölner Innenstadt kümmern.

Anfang 2004: Notartermin. Das Wetter – „ein," so Hans-Jürgen, „richtiger Scheiß-Januartag". Es ist dunkel, nass und kalt. Aus tiefhängenden Wolken fallen riesige, nasse Schneeflocken, alles

Jahrelang haben sie nach einem passenden Haus gesucht, weil der Platz für die vielen Bücher immer knapper wurde.

ist grau, die Bäume sind kahl. Nachdem sie den Grundstückskaufvertrag bei einer schmallippigen Rechtspflegerin unterschrieben haben, fahren die beiden nach Vilz zu ihrem neuen Besitz. Hans-Jürgen sieht das Haus zum ersten Mal. Und sagt zunächst gar nichts. Albrecht führt ihn über eine völlig aufgeweichte und rutschige Wiese voller Schneematsch einen Hang hinunter und um das Haus herum, das von vorne einen recht unscheinbaren Eindruck macht. Als er den Bau von hinten sieht, fällt Hans-Jürgen die Kinnlade herunter: „Was ist denn das für ein potthässlicher Kasten? Was sollen wir denn mit diesem riesigen Haus anfangen? Bist du denn total verrückt geworden?!" Albrecht blinkert, eine schmelzende Schneeflocke hat sich in einer Wimper verfangen, und schaut zu seinem Lebenspartner auf, der einen ganzen Kopf größer ist: „Gefällt es Dir etwa nicht? Ich finde es ganz passabel. Da kann man doch bestimmt was Nettes draus machen."

Die rückwärtige Fassade ist ein „Tritt in den Arsch". Fensterlöcher sind in 40 Jahren DDR-Mangelwirtschaftswerkelei zugemauert oder absurd vergrößert worden. Weitere 15 Jahre Überflussgesellschaft und Baumarktgeschmacklosigkeiten haben dem Haus den Rest gegeben. Gesichtslose Kunststofffenster, mit Unmengen von Bauschaum in hastig gemeißelte Durchbrüche geklebt, springen den Betrachter an. Hans-Jürgen ist entsetzt. Aber den Vertrag haben die beiden soeben unterschrieben. Neben ihnen rauscht der schneidend kalte Januarwind in einer riesigen uralten Esche, die sich majestätisch am Rande des imposanten Grundstücks in den grauen Himmel streckt. „Die Esche ist bestimmt über 300 Jahre alt", sagt Albrecht. „Was die wohl alles schon gesehen hat?"

Die beiden neuen Eigentümer stellen sich an diesem Januartag auch beim einzigen Bewohner des Hauses vor. Ein kranker, alleinstehender Mann Anfang 80. Ein Flüchtling aus Hinterpommern, aus Kolberg, dem heutigen Kołobrzeg an der polnischen Ostseeküste, der nach dem Krieg hier hängen geblieben ist. Aber vielleicht ist hängen geblieben auch das falsche Wort, meint der Alte. Er hätte damals als 16-Jähriger da unten an der großen Esche gesessen und gedacht: Hier ist es schön. Hier werde ich bleiben!

Sechs Gräber hinterm Stall

„Erstmal entrümpeln den Kasten", sagen sich die beiden Frührentner aus Köln. Kubikmeterweise schaffen sie Sperrmüll, Schrott und Gammel aus dem Haus. Viele Wochen vergehen darüber, Monate! Ein Schutt-Container nach dem anderen wird abgefahren. Knospen platzen an Bäumen und Sträuchern. Die Wiesen rund ums Haus fangen wieder an zu wachsen. In Hans-Jürgen regt sich der Florist und Gärtner. Und bevor das erste Baugerüst steht am neuen Domizil, legt er vor der Hausauffahrt ein Rondell aus Mini-Buchsbaumhecken und Osterglocken an. Im Dorf tippen sie sich mit den Fingern an die Stirn.

Eines Morgens wird Hans-Jürgen von Baulärm wach, der nicht aus dem eigenen Haus zu stammen scheint. Er öffnet das Fenster im Obergeschoss, das nach Süden weist. Hier oben ist ihre Baustellenwohnung. Das Schlafzimmer. Hinter dem zusammengefallenen Schweinestall regt sich was. Ein gelber Bagger schwenkt seinen Hydraulikarm. Ein halbes Dutzend Männer in Camouflage-Anzügen steht im Halbkreis. Alle wirken sehr konzentriert. „Die wühlen doch auf unserem Grundstück herum", denkt sich Hans-Jürgen und streift sich seine Bauklamotten über. Am Bagger trifft er auf den Pastor der Vilzer Gemeinde. „Was machen sie denn hier?" Alle gucken ihn ernst an. Das Loch ist nicht tief. In ihm kniet ein Mann mit kleiner Grabegabel – Teufels-

Das Buchsbaumhecken-Rondell vor dem Haus war das Erste, das fertig war. Hans-Jürgen Kuhrt ist ausgebildeter Gärtner und hat den grünen Daumen.

Auch die alten DDR-Garagen müssen weg. Hans-Jürgen hat Freunde in der Nachbarschaft, die mit einem alten Bagger helfen.

kralle sagen Gärtner manchmal dazu. Der Bagger sirrt und jault, noch eine Schaufel, und noch eine. „Langsam, langsam", bedeutet der Mann im Loch mit Handzeichen. Und kratzt vorsichtig mit seiner Teufelskralle im Erdreich herum. Mit den bloßen Händen legt er etwas Bleiches frei, das aus der feuchten, schweren Erde ragt. „Jetzt, wo das Grundstück verkauft ist an euch", raunt der Pastor dem erstaunten Hans-Jürgen Kuhrt zu, „müssen die da raus." Der Angesprochene versteht nicht. Dann erzählt ihm der Kirchenmann die Geschichte vom 2. Mai 1945. Niemand im Dorf hat die Sache vergessen. Alle wussten es, 60 Jahre lang, dass hinterm Schweinestall noch sechs Leichen liegen.

„Stopp", ruft der Mann im Loch dem Baggerfahrer zu. Und brüllt: „Motor aus!" Es wird schlagartig still. Nur die Frühsommervögel singen wie verrückt. Schweigend werden blaugraue Mini-Sarkophage aus dickem Pappmaché an die Grube gebracht. Der Mann im Loch, ein ehrenamtlicher Umbetter der Deutschen Kriegsgräberfürsorge, sortiert behutsam seine Fundstücke hinein. Rippen, Schulterblätter, Ellen, Speichen, Schädel, Wirbelkörper. Immer mehr kommt zutage. Knochen und Knöchelchen. Die Familie des Dorflehrers samt den Enkeln. Es dauert eine Ewigkeit.

„Die kommen jetzt auf den Friedhof", sagt der Pastor leise. „Egal, was damals passiert ist: Eine würdige Ruhestätte haben sie verdient. Es ist ein Akt der Barmherzigkeit." Das neue richtige Grab liegt am Westrand des Friedhofes von Vilz, direkt an der B 110. Unbekümmert sausen Autos tagaus, tagein hier entlang. Den Gedenkstein stiftet die Kirchgemeinde.

Erst der Mann, dann der Baum

Einige Monate später stirbt der letzte verbliebene ehemalige Bewohner des Gutshauses. Der alte Mann aus dem Erdgeschoss, der im Frühjahr 1945 an der großen Esche sitzend beschlossen hatte, seine Flucht in Vilz zu beenden. Hans-Jürgen und Albrecht räumen die Wohnung aus. Sie ziehen die Tapeten von den Wänden, rollen zertretene Teppiche ein. Als über dem Recknitztal ein schwerer Herbststurm tobt, wirbeln Blätter, Staub und kleine Zweige um das Gutshaus Vilz durch die Luft. Fensterscheiben klirren in ihren verblichenen Rahmen. Dann knirscht es draußen und kracht, viel zu leise eigentlich für das, was da gerade passiert. Die große Esche, dreihundert Jahre alt, sinkt um wie ein von der Kugel getroffener Soldat. Sie kann dem Wind nicht mehr standhalten. Oder der Geschichte. Äste bersten, Wurzeln federn erdig in die Höhe. Die Esche liegt hinter dem Gutshaus.

Hans-Jürgen Kuhrt – Preuße, Randberliner, der über 30 Jahre in Köln gewohnt und vorher in Osnabrück studiert hat – berlinert immer noch ein ganz klein wenig: „So ist das. Erst der Mann, dann der Baum. Verrückt, nicht?!" Sein Lebenspartner Albrecht Bolz, ein gemütlicher, grauhaariger Mann mit schmaler Brille und einem Büchergesicht, pflichtet ihm bei: „Und in unserem Haus geistern wohl auch noch alle diejenigen Seelen herum, die hier damals umgekommen sind. Wir hören manchmal Stimmen." Die beiden Männer sind keine Esoteriker, stehen mit beiden Beinen im Leben. Einmal im Monat beherbergen sie die Tessiner Goethegesellschaft für Abende mit Fachvorträgen. Sie machen Jugendarbeit im Dorf. Hans-Jürgen ist im Vorstand der evangelischen Kirchgemeinde von Vilz. Albrecht, rheinisch-katholisch, betreibt in seinem Gutshaus die Außenstelle der Westdeutschen Gesellschaft für Familienkunde. Ratsuchende Forscher können gleich bei ihm im Haus übernachten.

Sein Büro ist die Bibliothek im Erdgeschoss, links von der geräumigen Halle. Großformatige Fliesen auf dem Boden, Fußbodenheizung, an den Wänden Bücher, Bücher, Bücher. Besucher versinken in einer dunkelgrünen, wuchtigen Lederpolstergarnitur, netzförmig und aufwändig abgesteppt, die direkt aus Hogwarts Zauberschule stammen könnte. Rechts vom Foyer geht es zum großen Wohnzimmer. Gemütliche Polstermöbel ruhen auf einem neu verlegten Parkettboden, Vitrinen schmiegen sich an sauber tapezierte, mit Bordüren eingefasste Wände. Ein paar Ölgemälde sorgen für Blickfänge. Dahinter, über fast die gesamte Rückseite des Hauses, erstreckt sich das große Speisezimmer, der alte Turnsaal. In einen Anbau, dem ehemaligen Jagdzimmer, hat Hans-Jürgen eine praktische Küche hineingepflanzt, die mancher Betriebskantine Ehre machen würde. Hier kann man wirklich feiern. Oder tagen. Oder beides.

Auf ihren über 700 Quadratmetern Wohnfläche können sich die beiden auch mal gut aus dem Wege gehen, wenn sie ganz allein im Hause sind. Aber so allein sind sie ja gar nicht.

Es riecht nach Buchbinderleinen, Leder und altem Papier: Albrecht Bolz ist ein Fachmann für Ahnen- und Familienforschung – mit Ruhe, Zeit und Engelsgeduld.

Stimmen aus der Vergangenheit

Eines Tages hält ein kleines Auto vor dem Rondell mit den preußisch korrekt gestutzten Buchsbaumheckenkreisen. Eine großgewachsene blonde Frau mit weichen, braunen Augen entsteigt dem Wagen. Es ist Maxi Schubert vom Institut für Gemütsentfaltung. Sie möchte mit einer spirituellen Hausreinigung wieder etwas Ruhe hineinbringen in das spukende Gemäuer. Hans-Jürgen empfängt die junge Dame und ist schon ein bisschen aufgeregt. Er und Albrecht führen Maxi Schubert durch alle Räume, vor allem die Zimmer im Obergeschoss sind von Interesse. Hier erschallen die schaurigen Stimmen. Die Besucherin will alles sehen und lässt sich alles erklären. Bedächtig schreiten die drei auf einem roten Sisalläufer durch den langen Flur. Maxi beäugt aufmerksam die Wände. Ihr Blick tastet sich durch das Innere des Gutshauses, als sähe sie mehr als andere. Sie sagt nichts.

Aus Hans-Jürgen sprudelt es mittlerweile nur so heraus: „Das ist die Wohnung. Der Tatort sozusagen, an dem am Kriegsende die Mutter ihre Kinder umgebracht hat. Als Albrecht mir mal erzählte, dass er hier Stimmen gehört habe, so ein männliches Gemurmel, sagte ich gleich: Du spinnst! Und dann war ich mal allein hier oben, hab Gelee gekocht in der alten Küche da drüben. Und hab auch diese Stimmen gehört. Wir vermuten jetzt, dass der seine Ruhe hier nicht findet. Der letzte Hausherr. Kann es so etwas geben?"

Die Hausheilerin guckt ihm tief und ruhig in die Augen und sagt leise: „Es gibt immer irgendeinen Abdruck." Und nach einer Weile der Stille: „Gehen wir ruhig einmal durch." Vorsichtig, als würde sie auf einem rutschigen Seil balancieren, tastet sich Maxi Schubert vorwärts. Die Augen groß. Das Kinn gespannt. Staub tanzt in streifigen Sonnenstrahlen, die schräg durchs Fensterglas in die Räume zeigen. Hans-Jürgen redet weiter wie ein Wasserfall: „Hier steht natürlich noch alles rum. Das ist jetzt Lagerraum. Bis Kriegsende war es die Wohnung von der Tochter." Albrecht Bolz meldet sich zu Wort: „Dort an der Wand war noch der Blutfleck zu sehen." Maxi Schubert seufzt, als würde sie eine schwere Last anheben: „Dann ist es wirklich gut, da mal dran zu arbeiten."

Sie gehen langsam weiter. Am Ende des Flures im Obergeschoss windet sich eine schmale Holztreppe ins Dach. Es riecht ein bisschen muffig, nach Bohnerwachs und Linoleum. Mit verwunschenen Häusern kennt Maxi Schubert sich aus. Aber der Dachboden hat es wirklich in sich. Hier hat niemand saniert, gebaut oder renoviert – seit über 100 Jahren. In einem Bretter-Verschlag mit Kanonenofen und kleinem Fenster muss mal jemand gewohnt haben. Uraltes Gerümpel lagert in den Ecken. Und ganz hinten an der Giebelwand steht ein merkwürdiges Gestell. „Wir wussten erst nicht, was das ist", erklärt Albrecht Bolz, „haben immer gedacht, das ist eine Vorrichtung, um Schweine aufzuhängen. Und dann kamen nacheinander die ehemaligen Bewohner und stellten uns immer wieder die eine Frage: ‚Ist das Gestell noch da?' Und erfahren: ‚Es ist eine Leichentrage!'" Maxi Schuberts große Augen werden noch größer. Vor ihr liegt ein Brocken Arbeit.

Normalerweise reinigt Maxi Schubert Wohnungen, Zimmer, einzelne Räume auf spirituelle Art, beseitigt Schlafstörungen, neutralisiert negative Energien. Oft nichts Dramatisches, meistens lindert sie damit nur die Beschwerden von Leuten, die zu viel über sich selbst nachdenken. Aber das hier, denkt sie jetzt vorsichtig, das ist schon eine andere Nummer. Das Gutshaus von Hans-Jürgen und Albrecht wurde in den Jahren nach Kriegsende zu einem Altersheim und einer Seuchenstation umfunktioniert, es hat viele Tote gegeben hier, viel Leid und Elend. Maxi muss jetzt raus aus dem Haus, an die Luft. Und dann geht sie es in aller Ruhe an. Von außen nach innen. Das wird dauern. Und sie wird auch noch einmal wiederkommen müssen.

Sie haben das Gutshaus von Vilz gerettet und zu einem Ort der Begegnung gemacht. Jahrelang trafen sich hier die Rotarier von Tessin, jetzt ist es die Goethegesellschaft.

Die beiden Herren verziehen sich derweil in ihre Gemächer. Sie sind ein ungleiches Paar, halten es aber schon 50 Jahre miteinander aus. Der große laute Gärtner und der kleine stille Bücherwurm. Am 1. August 1961 floh Hans-Jürgen mit seinen Eltern von Neuruppin nach West-Berlin und dann, nach der Registrierung im Aufnahmelager, gleich weiter nach Köln. Er war 17 Jahre alt, die zehnte Klasse hatte er gerade absolviert, die großen Ferien waren erst halb herum. Ein heißer Sommer. 14 Tage später wurde die deutsch-deutsche Grenze dicht gemacht. Der Tipp von Verwandten im Westen hatte sich als richtig erwiesen. Währenddessen verbrachte Albrecht Bolz seine Sommerferien ungestört und umsorgt bei den Großeltern auf einer uralten Wasserburg in der Voreifel.

Hans-Jürgen, das Flüchtlingskind aus der Ostzone, baute sich ein Leben als Gartenbauer und Landschaftsgestalter auf, machte sich selbstständig mit einem eigenen Blumenladen. Albrecht fing in der Liegenschaftsverwaltung der Universität an: Apartmentvermietung für Hochschulprofessoren und Gastdozenten. In der Schwulenbar „Barbados" in der Kölner Neustadt lernten die beiden sich eines Nachts kennen. Und jetzt, fünfzig Jahre später, kocht Hans-Jürgen Quittenmarmelade in Vilz bei Tessin. Albrecht tippt geduldig Zahlen und Namen in seine Ahnenforschungscomputer, die im großen Wohnraum im Erdgeschoss auf einem resoluten Schreibtisch stehen.

Mit Pendel, Gong und weißem Salbei

Es ist still im Raum bis auf das hohle Klacken der Computertastatur und gelegentliches Rascheln dünner Buchseiten. Draußen streicht Maxi Schubert mit einem kunstvoll gedrechselten Schlegel den Rand einer tibetanischen Klangschale. Oommmm, wooonnnng, wuuummmmm. Es wird lauter. Es schwingt. Maxi Schubert nähert sich der Haustür. Sie arbeitet mit schamanischen Methoden. Zuerst öffne sie den Raum, erklärt sie, mit den Vibrationen der fernöstlichen Messingglocke.

Dann fängt sie im Gebäude an. Von oben nach unten. Auf dem Dachboden ist es am schlimmsten. „An diesem Ort ist einfach viel los", sagt Maxi leise. „Ein sehr großes Haus mit sehr vielen Leuten, die hier, sagen wir mal, durchgegangen sind. Auf die eine oder andere Weise." Plötzlich hat sie ein Bündel silbrig-graugrüner Blätter in der Hand. Weißer Salbei. Den benutzen auch die indianischen Völker Nordamerikas bei spirituellen Handlungen. Auf einem alten Porzellanteller zündet sie das Kraut an, um es gleich wieder auszupusten. Der Weiße Salbei glimmt und qualmt. Ein aromatischer Geruch breitet sich aus zwischen dem gespenstischen Gebälk. Maxi bläst in die Glut. Böse Energien, rastlose Seelen! Darum will sie sich zuerst kümmern. Die Nähe der alten Totenbahre in der Ecke meidet Maxi Schubert jedoch.

Auch ein Stockwerk tiefer ist es in manchen Räumen einfach zu viel für sie. Zu viele negative Schwingungen. Sie schwankt, sie schließt die Augen und pustet weiter in das glimmende Kraut. „Es ist so, als wenn hier wirklich etwas ganz Furchtbares drinnen hängt", murmelt sie, während sie das schlimme Zimmer bearbeitet. Dort wo einst das Bett des Hausherrn gestanden haben muss – Maxi Schubert weiß nichts davon –, war früher eine weitere markige NSDAP-Parole an die Wand geschrieben: „Wir dürfen nie müde werden, an uns selbst zu arbeiten, nur dann können wir Großes für Führer und Volk leisten." Sie stammte von Friedrich Hildebrandt, dem Reichsstatthalter und Gauleiter von Mecklenburg-Lübeck. Einem üblen Scharfmacher der Nationalsozialisten. Hildebrandt wurde am 5. November 1948 hingerichtet.

Zweieinhalb Stunden dauert die erste Behandlung von Gutshaus Vilz. In den Räumen hän-

Der Rauch des Weißen Salbei hilft gegen schlechtes Karma und unliebsame Präsenzen – Hausreinigung mit Maxi Schubert vom Institut für Gemütsentfaltung.

***Gut Vilz**, südöstlich von Tessin nahe der Recknitz gelegen, befindet sich ab 1236 über mehr als 400 Jahre im Besitz der Familie von Moltke. Von 1684 bis 1855 folgt die Familie von Koß. Das heutige Gutshaus entsteht 1905 auf den Fundamenten seines Vorgängerbaus. Wenig später kommen zwei rückwärtige Seitenflügel hinzu.*
Nach 1927 wird das Gutshaus bis etwa 1964 als Schule genutzt. Eine Ausnahme bildet die unmittelbare Nachkriegszeit von 1945 bis 1946, als es erst als Flüchtlingsunterkunft und später als Altenheim dient.
Nach 1964 baut man das Haus für Wohnzwecke um. 2004 verkauft die kommunale Tessiner Wohnbau Gesellschaft das Anwesen an Hans-Jürgen Kuhrt und Albrecht Bolz, die es nach und nach sanieren und in seine ursprüngliche Form zurückversetzen. Raumaufteilung, die alte Achsenordnung der Zimmer im Erdgeschoss sowie die Dreiteilung des Eingangs sind inzwischen wiederhergestellt. Das gesamte Erdgeschoss ist entkernt und vollständig erneuert. Im Obergeschoss des Hauses dauern die Sanierungsbemühungen an.
Im Gutshaus befindet sich eine große Bibliothek und die Auskunftsstelle der Westdeutschen Gesellschaft für Familienforschung, die auch auf Anfrage von Interessenten genutzt werden kann.

gen die Reste des Salbeiqualmes wie ein feiner Nebel.

Albrecht Bolz fragt neugierig: „Und wir werden jetzt nichts mehr hören von dem Spuk?“ Maxi Schubert schaut erst ihn nachdenklich an, dann seinen Lebenspartner, dann tastet ihr Blick noch einmal den Raum ab: „Es kann sein, dass sich das jetzt alles in Wohlgefallen auflöst oder dass es wenigstens ein bisschen angenehmer wird. Alles, was mit früher negativ verbunden war, dürfte verschwunden sein.“ Die beiden Männer nicken und schauen sich an: „Eigentlich haben wir diese Stimmen ja nie als negativ angesehen. Gestört hat uns das gar nicht. Es war nur ein bisschen merkwürdig.“ Das Gebrummel und Gebrabbel im Obergeschoss wird im Laufe der darauffolgenden Monate und Jahre auf jeden Fall leiser und seltener. Vielleicht hat die spirituelle Hausheilung die Gespenster aus der Vergangenheit vertrieben. Vielleicht ist es aber auch Hans-Jürgen gewesen, der als eine Art Anti-Poltergeist mit seinem unermüdlichen Werkzeuggeklapper und -gerassel durchs Haus tigert und repariert, tapeziert, dübelt, spachtelt und streicht. Albrecht Bolz wälzt unten dicke Folianten und taucht täglich tief hinab in die dunklen Ozeane der Ahnenforschung. Auf die Wiese hinterm Schweinestall hat Hans-Jürgen Obstbäume gepflanzt. Pflaumen, Äpfel, Birnen. Sechs Stück insgesamt.

Eine Wiedergeburt oder Das Verpflanzen des Tempels der Schönheit

Wadim Wolf in BEHREN-LÜBCHIN

Vom Sandsteinstaub zur Plastik

„Das faule Fleisch muss runter", brüllt der Lehrmeister. Ein Pflaster bei Schnitt- oder Schürfwunden? Die alten Gesellen lachen sich kaputt über den jungen Lehrling. So ein Weichei. „Wir haben doch hier unseren schönen Sandsteinstaub. Den reibst du drauf und schon tropft das Blut nicht mehr!" Am Anfang ist Wadim Wolf schockiert von dieser groben Männerwelt. Die Steinmetzlehre ist hart. Aber der junge Mann lernt hier auch, dass es ein heiliger Beruf ist. Der Steinmetz ist der König des Baues, heisst es. Steinmetze haben die viele Jahrhunderte alten gewaltigen gotischen Sakralgebäude Europas mit erschaffen. Zum Ende der Lehrzeit fühlt sich Wadim dann manchmal schon selbst wie ein alter gotischer Steinmetz. Oder wie ein Seemann auf dem Ozean. Tagelang draußen, bei Wind und Wetter mit dem Schlegel, dem Meißel und dem Stein kämpfend, so wie der Rudergänger eines Schiffes mit Wind und Seegang ringt. Das hat auch etwas Großes. Sein älterer Bruder Pawel arbeitet schon länger als Stuckateur im gleichen Betrieb. Nur durch ihn ist Wadim hier gelandet. Vitamin B heißt das in der DDR. B wie Beziehungen. Die Mutter ist Russin, arbeitet an der Uni, der Vater bei der DEFA in einer Dokumentarfilmgruppe.

Nach der Lehre gerät Wadim in eine Hauer-Brigade auf den Bau. Hier nennen sie den Neuen nur verächtlich „Russen-Iwan". An die Steine lassen sie ihn nicht ran. Er darf nur bergeweise Mörtelmischungen machen. In dieser Zeit wird er zum Punk, stellt sich gegen seine Kollegen, gegen seine Arbeitswelt. Gegen alles. Steinstaub in die Haare geschmiert, Ringe in die Ohren gesteckt. Ich gehöre nicht zu euch! Nachts Pogo tanzen in einem Punkrockklub. Kniescheibe springt raus. Krankschreibung. Schluss mit der Brigade.

Die DDR wankt noch nicht – oder erst ein kleines bisschen. Und Wadim Wolf braucht jetzt dringend einen anderen Job, irgendeinen kleinen, wenig anstrengenden Arbeitsplatz, um nicht als asozial und damit als kriminell eingestuft zu werden. Vielleicht Hausmeister. In der ganzen DDR sind solche Posten zu dieser Zeit besetzt mit Musikern, Künstlern und solchen, die sich dafür halten, mit Ausreisewilligen und Wehrdienstverweigerern und anderen Dropouts des real existierenden Sozialismus. Im Hausmeisterbüro kann man sich ausruhen von den anstrengenden Nächten, kann tagsüber schlafen, später anfangen, zwischendurch mal weggehen und was erledigen, früher den Heimweg einschlagen. Normalerweise.

Er findet eine Anstellung als Hausarbeiter in der Humboldt-Universität. Aber er freut sich zu früh. „Ich werde sie brechen, Herr Wolf!", raunt ihm sein Chef zu, ohne dass es die anderen hören können, gleich am ersten Arbeitstag. Ein ehemaliger NVA-Offizier mit geplatzten Äderchen im Gesicht und bohrendem Blick. „Wenn sie nicht spuren, schicke ich sie im Sommer nach Thüringen, in ein Waldarbeiterkommando. Sie werden schon sehen", droht der Hardliner, der Leute wie Wadim Wolf nicht ausstehen kann: jugendlich schlaksig, mit Ohrringen und selbstsicherem Auftreten. Ein Punk mit ungewaschenen, hochstehenden Haaren, an den Seiten kurz. Mit Fünfziger-Jahre-Lederjacke und womöglich arbeitsscheu, frech und überheblich.

Der Ost-Berliner Wadim Wolf ist 19 Jahre alt und will eigentlich Bildhauer werden. Er fühlt sich seit früher Jugend zum Künstler berufen. Als Schüler hat er zwei Jahre ein Jugendstudium an der Kunsthochschule belegt. Dann Eignungsprüfung für das Abendstudium. Wo willst du denn jetzt hin, wird er gefragt, Malerei, Grafik oder Plastik? Wadim denkt sich: „Malen kannst du. Zeichnen auch. Dann machste Plastik." Kurse an der Abendschule folgen, plastisches Gestalten. Er nimmt privat weiter Zeichenunterricht, streift durch Galerien und Ateliers, hängt im Ost-Berliner Underground ab. Mit jungen Künstlern und Systemverweigerern.

„Ich wohne in diesen Skulpturen"

Wadim Wolf, 54 Jahre alt, liegt auf seinem Diwan unter einer Wolldecke. Es ist November 2019. Er hat die langen schwarzen Haare zu einem Zopf gebunden. Eine Schale Yogi-Tee dampft auf dem Beistelltischchen neben einem Buch. Um den Hals trägt er ein indisches Seidentuch. Wadim geht es nicht gut. So was kennt er gar nicht. Er bekomme nie Grippe, sagt er. Sei nie krank. Aber bei diesem Mecklenburger Landwetter ist es wohl kein Wunder, dass es ihn nun doch erwischt hat. Alles nass und neblig draußen. Das braune Laub beginnt schon zu zerfallen auf dem glitschigen Kopfsteinpflaster. Oder es sind die dramatischen Ereignisse, die ihn am Ende hierher nach Behren-Lübchin geführt haben, die so an seinen Kräften zehren, dass er nun doch liegen muss. Behren-Lübchin. Ein uralter magischer Ort. Mit

Aufgepasst: In Behren-Lübchin ist ein Schöngeist eingezogen, mit Verbindungen nach „ganz oben".

einem Gutshaus, das sich der Berliner vor knapp einem Jahr gekauft hat. Er war in Not, brauchte dringend eine neue Bleibe für sich und seinen „Garten der spirituellen Schönheit".

Wadim erzählt trotz leichter Schwäche recht munter von seinem Leben. Ein Strom der Erinnerungen an Berlin und seine Jugend wälzt sich durch den kleinen Raum. In der Luft liegt der schwere Geruch von abgebrannten Räucherstäbchen. Das Zimmer gehört zu einem Anbau des Gutshauses Behren-Lübchin. „Meine Neubauwohnung", sagt Wadim und grinst ein bisschen. Sie geht nach hinten raus, in den ehemaligen Gutspark. Schmucklos, hell verputzt, schlichte Fenster, Plastikeingangstür aus dem Baumarktangebot der frühen neunziger Jahre. Die Fußballer des SV Behren-Lübchin nutzten den Anbau bis vor einigen Jahren. An den Toilettentüren im Gang vor Wadims Diwan-Zimmer stand noch vor kurzem „Gäste", „Heim" und „Schiri". Draußen, hinter dem Haus, thront ein mit grünen Algen bewachsener Flüssiggastank. Ebenfalls ein Gruß aus den Neunzigern. Ein Monument der Verheißung: Wärme, Warmwasser, Komfort. Doch das Gutshaus selbst ist kalt und zugig.

In der rechten Seite des Erdgeschosses im Haupthaus lagern sperrige Formen aus Holz, Gipsbinden und Silikon. Arme, Brüste, Gesichter schälen sich aus dem Halbdunkel. Füße, Beine, Rümpfe ragen ins gedämpfte Licht. Lebendig, wie echt. Man hat das beklemmende Gefühl, sie könnten jeden Moment auferstehen, loslaufen oder jemanden umarmen. „Spirituelle Kunst", sagt Wadim, „ich wohne in diesen Skulpturen."

Ein Geschenk des Lebens

Lehmschutt füllt einen anderen Raum. Selbstgeschweißte Gestelle aus Baustahl liegen rostig am Boden. Große Frauenfiguren aus Beton stehen neben ausgehängten Flügeltüren. Eine halb

Einen neuen Platz für seine Kunst hat Wadim Wolf dringend gesucht. Jetzt steht das ganze Haus voll mit Skulpturen und Reliefs.

Das „schreckliche Dienstbotenkarma" soll weg. Wadim Wolf öffnet Wände, die das Hinterhaus bisher verdunkelten. Licht ist Leben.

kniende Männerskulptur ist im Schatten zu erkennen. Griechische Art, massig definierte Muskeln. Vor dem Haus im Eingangsbereich kauert ein Elefantenmensch mit Rüssel im Gesicht. „Das ist Ganesha", sagt Wadim etwas heiser und räuspert sich. „Im Hinduismus der Gott des Glücks und der Verheißung."

Er nimmt einen Schluck Tee. Er spricht immer ruhig und eindringlich. Er ist ein Prediger: „Ich habe begriffen, dass man, wenn man das göttliche Bewusstsein, das Erleuchtete, in sich trägt, sehr gut allein sein kann. Und so kann ich auch hier in der ehemaligen Umkleidekabine vom Fußballverein wohnen. Allein. Mitten auf dem Land."

Nicht nur der Sportvereinsanbau, sondern das gesamte Gutshaus von Behren-Lübchin, das ganze riesige Ding, gehört jetzt ihm. Dem Künstler aus Berlin. Dem halben Russen. Dem Erleuchteten. Der nachdenklich an der Teeschale nippt. „Das Haus ist gut zu mir. Es fühlt sich weich an. Ein guter Ort. Dieses Haus ist ein Geschenk des Lebens."

Sein Leben als Hausarbeiter Mitte der Achtziger ist hingegen überhaupt nicht schön:

Der Vorgesetzte überschüttet ihn mit vertrackten Arbeitsaufträgen und verächtlichen Bemerkungen. Dann scheint ihm das Schicksal eine Riesenchance zuzuspielen: Das Alte Museum in Berlin möchte dringend einen hauseigenen Restaurator ausbilden. Wadim stellt sich mit seiner Arbeits-Mappe vor. Im Museum ist man begeistert. Der junge Mann kann zeichnen, hat eine Steinmetzausbildung und Ambitionen. Die Kaderabteilung des Museums fordert von seiner bisherigen Arbeitsstelle die Personalakte an. Aber die Akte soll verschwunden sein. Der zornige Ex-Militär und noch Vorgesetzte von Wadim spielt seine Macht ein weiteres Mal aus. Die Museumsleitung ist verunsichert. Was stimmt da nicht mit dem Bewerber? Ohne Personalakte, die in der DDR von Betrieb zu Betrieb weitergereicht wird, gibt es keinen neuen Job. Wadim Wolf ist am Boden. Aber er spürt immer noch den Künstler in sich.

Er beginnt als Friedhofsarbeiter. Dem Kirchenbetrieb sind die DDR-Kaderakten egal. Friedhof Ackerstraße in Berlin-Mitte ist Wadims neues Revier, im Grenzgebiet zu West-Berlin. Vier Tage pro Woche. Nebenbei bildet er sich künstlerisch weiter, privat und an der Abendschule. Die DDR beginnt sich langsam aufzulösen. Das Ministerium für Staatssicherheit beobachtet eine wachsende sogenannte Subkultur im Land. Wadim Wolf steckt mittendrin. Aber auch auf dem Friedhof hält er es bald nicht mehr aus. Die Kinderbestattungen greifen ihn am meisten an. Die Traurigkeit. Das Weinen der Eltern. Der Schmerz. Wadim klinkt sich aus. Auf dem evangelischen Friedhof war er schon fern vom sozialistischen Arbeitsalltag. Jetzt ist er ganz ausgestiegen.

Mit seiner Freundin beginnt Wadim im Frühjahr 1986, Klamotten mit West-Schnitt selbst zu nähen und auf den fliegenden Märkten zu verkaufen, die überall wie Pilze aus dem Boden schießen. Sie verdienen genug Geld, um zu leben, und er kann weiter am Künstler in sich arbeiten. Wadim engagiert Akt-Modelle für sich und seine Bildhauerei, er betet die Kunst inzwischen an. Sie ist für ihn Gott. Er formt mit Beton, Lehm und Gips. Aber immer wieder zerstört er seine Skulpturen – weil sie seinem Anspruch nicht genügen. Wadim ist auf der Suche, arbeitet wie im Rausch, sieht den Künstler in sich wachsen.

In seinem Briefkasten findet Wadim Wolf eines Tages die Aufforderung vom Wehrkreiskommando, zur Musterung zu erscheinen. Der junge Mann, 22 Jahre alt, will auf keinen Fall hineingezogen werden in die Militär-Maschinerie eines untergehenden Systems. Außerdem hat er prinzipiell etwas gegen Uniformen. Und Wadim hat wieder mal Glück. Er kennt einen systemkritischen Psychologen, einen überzeugten Christen, der hin und wieder Leute vor der verhassten Armee rettet und die sogenannten „Jagdscheine" ausstellt. Nach drei Gesprächsterminen hält er sein Attest in den Händen: Wehruntauglich. Psychisch. Ausgemustert! Diese Bescheinigung wird ihm auch über 30 Jahre später noch weiterhelfen.

Wadim als junger Rebell in Berlin. Der gelernte Steinmetz spürte schon immer den Künstler in sich.

Eine Wasserburg der Slawen

Ein Traktor rumort vor dem Gutshaus von Behren-Lübchin. Riesige Räder mahlen durch den matschigen Boden. Im Raum nebenan klackt das Magnetventil der Gasleitung. Die Brennwerttherme zündet und beginnt zu fauchen, eine Umwälzpumpe summt leise ihr monotones Lied. „Die Heizungsleute haben mir das erst mal repariert und zwei Radiatoren angeschlossen", seufzt Wadim auf seinem Diwan unter der Wolldecke. „Ich lasse die aber nur auf kleinster Stufe laufen. In der Küche müssen knapp über 10 Grad reichen. Man bekommt diese Räume sowieso nicht richtig warm." Seitdem er im Gutshaus lebt, hat ihn die Heizungsproblematik fest im Griff, so wie alle anderen Gutshausretter auch.

Die lösen das finanziell, Wadim macht es spirituell: „Es gibt in Indien, in den Bergen, Yogis, die haben auch bei Frost kaum was an und frieren trotzdem nicht. Über Meditation und das richtige Bewusstsein kann der Geübte seine eigene Körperenergie steuern." Alles eine Frage der inneren Einstellung.

Sein Gutshaus liegt an einem Hang am Dorfrand von Behren-Lübchin. Der Blick nach Westen aus seinem Diwanzimmerfenster geht über ein Tal mit weiten Wiesen, einem Bach, am Horizont ein Wäldchen. Im Gutshauspark steht eine Esche, über 550 Jahre alt, eine Rotbuche, 250 Jahre. Der ganze Ort atmet Geschichte. Lübchin war einst ein Zentrum für die Zirzipanen, einen bedeutenden Slawenstamm. Eine Art Hauptstadt mit Marktrecht. In dem weiten Tal hinter dem Gutshaus lag zu Slawenzeiten ein großer See mit einer Insel in der Mitte. Die mächtige Wasserburg der Zirzipanen.

In Sichtweite des Gutshauses steht die trutzige Dorfkirche aus Feldsteinen. Ein historisches Juwel. Die zweitälteste Kirche Mecklenburgs. Das Blickfeld jedoch dominiert eine LPG-Halle aus den frühen Achtzigern, die ein holländischer Agrarunternehmer gerade als Großgarage für Mähdrescher und Güllewagen nutzt. Das schmucklose Gebäude liegt wie ein aufdringlicher Fremdkörper mitten in dem uralt gewachsenen Siedlungsensemble von Guts- und Gotteshaus. Aber dem neuen Besitzer ist das egal, Hauptsache Rendite. Wadim hat Probleme mit seinem Nachbarn. Und findet trotzdem versöhnliche Worte: „Er ist auch ein lieber Mensch", sagt er. „Auch in ihm sehe ich das Gute, er hat mir schließlich schon ein paar Mal geholfen."

Sein Gutshaus wirkt neben diesem und anderen hässlichen Gebäuden, als wäre es mit Absicht von irgendwelchen mürrischen Mächten an den Rand des Dorfes verschoben worden. Als wäre es keine Immobilie, sondern ein ungeliebtes Möbelstück. Der alte, dunkle Eichenschrank von Opa.

„Dieses Haus ist gut zu mir. Es fühlt sich warm an und ist ein Geschenk des Lebens", sagt Wadim Wolf.

Das Haus bildete einst das Ortszentrum, jetzt liegt es an einer Sackgasse.

„Mir geht es vor allem um den Ort", sagt Wadim. „Um die Energie an diesem Fleck." Er trinkt noch einen Schluck Tee, der schon lange kalt ist. Aber das macht nichts. Seine Energie kommt ja auch nicht aus einem Heißgetränk, sondern von innen. Beziehungsweise von unten. „Gutshäuser wurden immer an besonderen Orten gebaut", Wadim gerät ins Schwärmen. „Nach diesen Orten haben die Menschen damals lange gesucht. Nach Energiezentren. Die wussten, wo sie sich niederließen. Nicht umsonst sind unter vielen Gutshäusern noch Reste von alten Burgen erhalten, Fundamente von Wehrtürmen aus dem frühen Mittelalter, Grundmauern wendischer Wasserburgen. Deswegen bin ich hier", sagt Wadim. „Wegen des besonderen Ortes. Ich habe lange danach gesucht!" Beim Graben in seinem weitläufigen Park ist ihm ein behauener Feuerstein in die Hände gefallen. Ein mystischer Gruß aus der Steinzeit.

Gebäude mit Geheimnis

Dabei hatte Wadim seinen besonderen Ort schon einmal gefunden:

Mitte 1987 in Weißensee.

In jenem Jahr macht er sich mit einem Bildhauerkollegen auf die Suche nach einem leerstehenden Haus. Die beiden gehören damit zum Heer junger Leute, das in der DDR Häuser und Wohnungen besiedelt, die aus den unerfindlichen kybernetischen Prozessen der staatlichen Wohnungsverwaltung herausgefallen oder darin untergegangen sind. Man zieht einfach in baupolizeilich gesperrte Wohnungen ein, lebt illegal in Abrisshäusern und Ruinen. Von Rostock bis Erfurt. Es gibt keinen freien Wohnungsmarkt.

Auch Wadim und sein Künstlerkollege finden in Ost-Berlin ein leeres Haus. Aber sie wollen nicht Schwarzwohner sein. Sie organisieren einen Ortstermin mit der Chefin der staatlichen Plankommission und der Stadtbezirksarchitektin – zwei Künstler, die sich hier Atelier und Wohnung ausbauen wollen. Aber zu dem Termin tauchen auch fünf Männer im Trenchcoat auf. Die Staatssicherheit. Das Haus liegt an der Protokollstrecke von Erich Honecker und seinen Staatsratsgenossen, auf der die DDR-Oberen in schwarzen Tatras und Volvos aus dem Zentrum Berlins regelmäßig in ihre Häuser nach Wandlitz rauschen. Die staatlichen Organe wollen nichts riskieren auf dieser Route.

Die beiden jungen Männer suchen weiter und entdecken ein Zweifamilienhaus mit einem erstaunlich weitläufigen Grundstück in der Pistoriusstraße in Berlin-Weißensee, seit sieben Jahren leerstehend! Und Platz ohne Ende. Wadim

Das frühere Atelier von Wadim Wolf in Berlin. Hier hat er nicht nur Skulpturen geformt, sondern auch den Künstler in sich.

braucht Platz. Denn die Sache mit dem kleinen Atelier im Prenzlauer Berg ist vorbei. Er muss da raus und mit ihm müssen es seine vielen Skulpturen, die nicht nur immer mehr, sondern auch immer größer werden. Wadim bekommt kein eigenes Atelier in der DDR, er hat nicht studiert, gehört keinem Verband an und hat auch sonst keinen Protegé von oben.

Etwas ist komisch mit dem Haus. Anscheinend gibt es keinen Eigentümer, keine staatliche Wohnungsgesellschaft, keine Bewohner. Von der Stadtbezirksarchitektin erfahren sie: Das Gebäude ist noch im staatlichen Wohnraumfonds gelistet. Freier Zugriff nicht möglich. Es folgt ein Husarenstück. Sein Kunstkollege ruft bei der Kommunalen Wohnungsverwaltung an, erkundigt sich herrisch nach dem Haus in der Pistoriusstraße. Ja, das sei noch in der Wohnraumlenkung verfügbar, heißt es in der knisternden, rauschenden Telefonleitung. „Rausnehmen", schnauzt er funktionärsmäßig in den Hörer. Die Stimme am anderen Ende antwortet: „Alles klar, Genosse, nehmen wir raus!"

Es ist ein Grundstück, auf das in der DDR niemand zugreifen kann, erfährt Wadim etwas später. Es gehört immer noch jemandem aus dem Westen, wurde nie sozialistisch verstaatlicht. Noch weiß er nicht warum.

Das Gelände ist umgeben von Zäunen und grenzt an andere verwilderte Flächen. Wadim mag keine Zäune. Er flext massenweise Maschendraht und Stahlstangen ab. Am Ende hat er einen 3600 Quadratmeter großen Garten.

Er näht weiter mit seiner Freundin die Schwarzmarktjacken, die immer noch weggehen wie geschnitten Brot. Das Geld investiert er in die Renovierung. Wadim arbeitet wie besessen. Er schläft kaum noch. Erst wenden sich seine Freunde von ihm ab, dann seine Eltern. Sie halten ihn für verrückt. Wadim reißt störende Wände ein, hebelt wurmstichige Dielen aus, bekämpft Hausschwamm, sägt, hämmert, schraubt, schleppt, schaufelt. Manisch malocht er und schafft Räume für sich und seine Kunst. Draußen in der Hauptstadt feiert die DDR „750 Jahre Berlin". Das Jubiläumsjahr! Wadim Wolf jedoch interessiert sich nur noch für Mörtel, Kies und Bauholz. Eines Tages läuft er mittags nach Hause zur kleinen Einraumwohnung, die er zusammen mit seiner Freundin noch bewohnt. Die macht ihm mit einem Glas Sekt in der Hand die Tür auf. Sie hatte nicht mit ihm gerechnet. Auf der Couch hinter ihr schaut ihn ein anderer Mann mit großen Augen an. Wadim sacken die Knie weg. Es ist vorbei. Er braucht Wochen, um sich zu erholen.

Das Jahr 1988 beginnt. Wadim baut. Das Jahr 1989 beginnt. Wadim baut.

SED-Funktionäre und ihre Helfer fälschen die Ergebnisse der Kommunalwahlen im Frühjahr 1989. Die chinesische Regierung lässt im Juni den Tien'anmen-Platz in Peking mit Panzern räumen. Die bundesdeutsche Botschaft in Prag beginnt sich im August mit Menschen zu füllen, mit DDR-Bürgern, die stonewashed Jeans und Minipli-Frisuren tragen und manchmal auch Wadims selbstgenähte Fledermausjacken. Das Neue Forum gründet sich und wird nicht zugelassen.

In dem Haus ohne Eigentümer in Berlin-Weißensee kommt Wadim nur langsam voran. Draußen überschlägt sich die Geschichte. Die Endzeit der DDR. Der Zusammenbruch des Ostblocks: Wir sind das Volk. Stasi in die Produktion. Günther Schabowski und sein Zettel. Eine verstammelte Pressekonferenz am 9. November. Trabbis, Tränen, TV-Teams. Wir sind ein Volk.

„Mit den selbstgenähten Jacken lief das ab sofort überhaupt nicht mehr", erinnert sich Wadim dreißig Jahre später im einzigen einigermaßen warmen Raum seines kürzlich erworbenen Gutshauses, ganz in der Nähe der A20, der Küstenautobahn. „Ich hatte die DDR gehasst und war froh, dass es vorbei war. Aber auf einmal wurde es anstrengend, denn mir war klar, ab jetzt dreht es sich nur noch um Geld und Egoismus." Im ehemaligen Umkleideraum des SV Behren-Lübchin wird immer offensichtlicher, dass alles miteinander zu tun hat: der Steinmetz, die Fledermausjacken, das leerstehende Gebäude in Berlin-Weißensee, Indien, Russland, die DDR und 40, 50 große Gips- und Betonskulpturen. Alles kommt hier zusammen und endet vorläufig in einem eiskalten maroden Gutshaus in Mecklenburg. Zwangsläufig, wie es scheint. Vor dem Haus reckt eine zwei Meter fünfzig hohe Bronzeskulptur ihre Hände den Besuchern entgegen.

Während von Sommer bis Herbst 1990 die Deutschen wie besoffen sind wegen Währungsunion, Weltmeisterschaft und Wiedervereinigung, quält Wadim Wolf die Frage, wie er jetzt zu Geld kommen kann. Er gründet einen Kunstverein, beantragt fünf ABM-Stellen für sich und vier Freunde. Das West-Geld beginnt langsam zu fließen. Wadim steckt das meiste davon in sein neuestes Projekt. Er wird Herausgeber der Kunstzeitschrift „Passage" und er besinnt sich auf seine russische Herkunft. Mit der Eisenbahn pendelt er zwischen Leningrad beziehungsweise Sankt Petersburg und Berlin-Weißensee und vermittelt jetzt russische Künstler an eine Galeristin in der Hauptstadt, ebenfalls Russin. Er organisiert Kunsttransporte und Bargeldtransfers. Russen sind gerade angesagt in der wiedervereinigten Stadt. Wadim vergisst darüber seine eigene Bildhauerei, seine Skulpturen. Die ABM-Stellen sind nach drei Jahren abgelaufen. Und schließlich stirbt auch der Kunstverein. Die Freunde sind wieder mal weg. Und die nächste Freundin auch.

Die lange Suche nach einer neuen Bleibe ist im Dezember 2018 vorbei: Wadim Wolf zieht in Behren-Lübchin ein. Die Fenster haben Knut und Christina noch einbauen lassen.

Wadim Wolf fühlt sich ausgebrannt, wie tot. Gescheitert. In dieser Lebenskrise erkennt er: Wenn du die Gesellschaft verändern willst, verändere zuerst dich selbst.

Im ersten Stock, über der Eingangstür des Herrenhauses von Behren-Lübchin, hat Wadim eine runde, aus Ton gebrannte Plakette angebracht. So groß wie das Ersatzrad seines weißen Opel Combo. Auf der Tonscheibe zeichnet sich ein keilschriftartiges Symbol ab: das „Om"! Das Kraftsymbol des Göttlichen. Der transzendentale Urklang. Das umfassendste und erhabenste Symbol der hinduistischen Metaphysik.

Draußen vor der Tür ist von Erhabenheit nicht viel zu spüren. Es riecht nach Dung und Gülle. Und nach frischem Zementmörtel.

Eine vorpommersche Maurerbrigade fuhrwerkt im Nieselregen an der benachbarten Großgarage herum. Ein Schäferhund bellt heiser in der Ferne. Laster donnern auf der Landesstraße 23 von Gnoien Richtung Autobahn durch das Dorf. Baustaub liegt millimeterdick auf den breiten Eichendielen im Haus. Es raschelt. Eine Maus wetzt an einer dick mit brauner Ölfarbe verklebten Scheuerleiste die Wand entlang und verschwindet hinter einem Balken. Wadim wirkt wie ein Gestrandeter in diesem kleinen Dorf, weit weg von der Großstadt, in der er aufwuchs. Aber stranden, das kann er, und auch wieder aufstehen.

Drei Amerikaner stehen vor der Tür

In Berlin, fast 30 Jahre zuvor, sagt er sich vom normalen Leben los. Und findet eine neue Heimat in der Meditation. Das Haus in Weißensee beginnt langsam einzuwachsen mit Birken und einem Wald von Ahornbäumen. Drinnen lebt Wadim und meditiert. Am Ende ist er nur noch Eremit.

Fünf Jahre dauert das selbstgewählte Leben als Mönch in dem Weißenseer Leerstandshaus mit den immer noch ungeklärten Eigentumsverhältnissen. Es endet abrupt, in der Hedwigskathedrale in Berlin-Mitte, vor der Mondsichel-Maria, die hinter einem Meer von Kerzen steht. Wadim fühlt sich der Kraft der göttlichen Mutter verbunden, spricht ein Stoßgebet: „Gib mir die Kraft, wieder Kunst zu machen!" Die Antwort: Energie. Wadim stürzt sich in die Arbeit. Es beginnt eine manische Schaffensperiode. Er modelliert, schweißt, formt ab, stampft schneeweißen Feinbeton in selbstgemachte Matern aus Silikon. Er füllt Haus

Wadim Wolfs „Garten der spirituellen Schönheit" in Berlin-Weißensee vor einigen Jahren. Das Gelände wurde verkauft und soll bebaut werden.

und Garten mit seinen Skulpturen. Das Gelände an der Pistoriusstraße wird zu seinem „Park der spirituellen Schönheit", den er für Besucher öffnet. Was für ein Grundstück! Wie ein Schlosspark. Figuren, übermenschlich groß, damit man zu ihnen aufschauen muss. Die Besucherzahlen steigen. Wadim denkt, die Zeit der Ernte habe begonnen.

Aber es kommt anders: Eines Tages im Herbst 2013 stehen drei Amerikaner vor seiner Tür, aus

Kalifornien. Eine blasse Frau ohne Alter und zwei in die Jahre gekommene Männer in lässigen Klamotten. Es sind die Erben des Grundstücks, das ihren jüdischen Vorfahren von den Nazis weggenommen wurde, 1938. Deshalb hatte das Haus in der DDR einen privaten Verwalter! Sie haben es jetzt zurückbekommen vom Amt für offene Vermögensfragen. Der Notartermin ist gerade gewesen. Die kleine Abordnung aus den USA ist fasziniert von Wadims Welt in ihrem ehemaligen Familienbesitz in Weißensee. Einer der beiden Männer raunt ihm zu: „D'you know that you're sittin' on a gold mine here?!" Wadim weiß nicht, was er damit meint. Wieso Goldmine? Ist doch nur ein großer Garten mitten in Berlin.

Sie sichern ihm zu, er könne bleiben, solange sie noch keinen Käufer haben für die Fläche. Sie wollen keine Immobilie in Berlin. Sie wollen das Geld. Der Countdown läuft. Fünf Jahre später sind die Investoren da. Bauträger. B-Plan. Apartment-Blocks in 3-D-Animation. Finanzierung steht. Ein Riesenprojekt. Wadim muss raus. Er weigert sich. Es gibt Streit. Seine Freundin arbeitet bei einer Bank und steht ihm bei. Gemeinsam treten sie in den Verhandlungen auf. Es geht um einen Ersatz für seine Bleibe, Platz für die Skulpturen – sein Lebenswerk. Die Immobilienprofis wollen den Spinner mit Versprechungen abspeisen. Aber dann knallt Wadim das Ausmusterungs-Gutachten des Psychologen von vor über 30 Jahren auf den Tisch: Und das scheint wieder einmal zu wirken. Ein Psycho! Den wollen sie jetzt wirklich schnell loswerden. Sie bieten ihm eine erste Abfindung an.

Wadim ist klar, dass er für seine vielen Figuren wieder einen Park braucht – und ein großes Haus. Und so etwas, denkt er, gibt es nur noch in Mecklenburg-Vorpommern.

Fortan fahren er und seine Lebenspartnerin jedes Wochenende übers Land, besichtigen knapp 100 Häuser, oft vier bis fünf an einem Tag. Keines passt. Zu groß, zu klein, zu teuer, zu kompliziert, zu kaputt. Über eine Vermittlerin hört Wadim Wolf von einem quirligen Typen in Mecklenburg-Vorpommern, der vielleicht weiterhelfen könne. Er schreibt sich eine Telefonnummer auf: Knut Splett-Henning in Rensow. Ein erstes Gespräch endet vage. „Komm doch einfach mal vorbei, dass wir uns mal kennenlernen können."

Einige Wochen später: Knut Splett-Henning kann sich anfangs gar nicht richtig erinnern an das Telefonat. Er hat immer so viel um die Ohren und seine hochempfindlichen Antennen überall. Aber der ulkige Künstler aus der Großstadt mit den langen Haaren und diesem leichten Berliner Singsang in der Stimme scheint in die Gutshausszene, in seine Welt, hineinzupassen. Ein Verrückter mehr! Wunderbar. Und Knut Splett-Henning hat, siehe da, ein Haus im Angebot. Das könnte passen. Behren-Lübchin. Gerade hat dort eine Spielfilmproduktion die Innenaufnahmen für einen historischen Krimi gedreht. Knut und seine Frau Christina hatten das seit langem leerstehende Gutshaus erst ein Jahr zuvor der Gemeinde abgekauft, da kam das Angebot der Berliner Produktionsfirma. Wochenlang ist das Haus, von Knut und Christina aufwändig

Aufwändig und mit viel Handarbeit präparieren Knut und Christina aus Rensow das Gutshaus in Dölitz, für einen …

… Giftmord im Gutshaus! Behren-Lübchin war noch im Sommer 2018 die Kulisse eines Kriminalfilms.

als historisch getreue Kulisse hergerichtet, belagert von den Filmleuten.

Aber Wadim ist skeptisch. Das Haus in Behren-Lübchin zieht ihn nicht an.

Die Berliner Zeit läuft ab

Nebenbei verhandelt er weiter mit den Investoren um eine Abfindung. Hoch. Höher. Noch höher. Dann kommt es zu einer Übereinkunft. Aber Wadim Wolf bleiben nur wenige Monate bis zum Auszug. Zum Glück scheint ein Ersatz gefunden: in Wüstenhagen, bei Martensdorf an der Bundesstraße 105 zwischen Rostock und Stralsund. Ein Riesenkasten, mit weitläufigem Gutspark. Ideal. Aber in letzter Minute platzt der Deal. Die Eigentümerin sagt ab.

Wadim Wolf fühlt sich in die Enge getrieben. In Berlin-Weißensee stapfen die Vermessungsingenieure in ihren gelben Leuchtwesten schon mit Stativen, Theodoliten und schwarz-weißen Markierungsstangen um sein Grundstück herum. Sie hämmern angespitzte Vierkanthölzer in die Erde und sprühen die herausschauenden Enden mit fluoreszierender oranger Farbe an. Noch fünf Wochen, bis die Abrissbagger anrollen werden – sagt man ihm.

Wadim meldet sich wieder in Rensow bei Knut Splett-Henning. Seine letzte Hoffnung. Da war doch dieses Haus in Behren-Lübchin. Er ist jetzt wirklich in Not, er muss handeln. Und verhandeln. In einem Teterower Notariat unterschreibt er schließlich den Kaufvertrag.

Mitte Dezember 2018, halb drei nachmittags, es dämmert schon etwas, biegt ein weißer Lkw von der L 23 ab in die Dorfstraße von Behren-Lübchin. Die beiden Insassen sind Wadim Wolf und ein Freund. Bernd aus Berlin. Der gemietete Laster ist schwer beladen. Die Blattfedern der Hinterachse ächzen und knirschen, als Bernd den Siebeneinhalbtonner rückwärts vor das Gutshaus bugsiert. Wadim ist ausgestiegen, gibt Handzeichen, dirigiert den Transporter mit dem ungeübten Fahrer. „Du musst andersherum einschlagen!", Wadim ist ruhig wie immer, aber auch genervt. Umzug. Ankunft. Erschöpfung.

Die Hydraulikpumpe sirrt leise, die Ladeklappe am Heck senkt sich langsam herab. Aus dem Bauch des Lkw rollen dann aber keine Kommoden, Bettgestelle und Küchenmöbel, sondern

Ankunft im Dezember: Zwölfmal lenken Wadim und sein Helfer Bernd den Lkw von Berlin nach Rostock – jedes Mal vier Stunden Fahrt.

Topfpflanzen. Akapantus, Drachenbaum, Hibiskus. Mit einer Sackkarre zirkelt der neue Hausherr drei knapp einhundert Jahre alte gusseiserne Radiatoren über die Rampe und durch das Foyer in den Saal: „Die will ich mir gleich anschließen lassen", keucht er. Die antiquierten Heizkörper sind schwer und schmutzig. Mehrere Schichten Ölfarbe lassen die Jugendstilornamente an den Rippen nur noch schwach hervortreten. Im Saal ist es inzwischen stockfinster. Einen Stromanschluss gibt es nur im Keller. Drehstrom, 380 Volt.

Es folgen schwere Stahlgestelle, dick in Folie und Lappen eingewickelte Gebilde. Wie riesige Kokons. Die beiden Männer zerren und keuchen. Schleifen und schieben immer weitere Gebilde in das Gebäude. Die Dinger sind wahnsinnig schwer. Wadim ist am Ende mit seinen Kräften.

Er wischt sich den Schweiß von der Stirn: „Ich bin aufgeregt. Und nicht nur, dass es anstrengend ist, es ist für mich eine extreme Veränderung." Denn was er gerade ins Gutshaus schleppt, ist sein Leben. Es sind die Abformungen seiner Skulpturen, seiner Bildhauerarbeit aus 30 Jahren. Sein Schatz. Sein Schaffen. In den rechten Erdgeschossflügel stapeln Wadim und sein Helfer Bernd Rümpfe, Köpfe, Beine, Arme, halbe Menschen – alles Negativformen in Silikon. Es ist so viel, es wird immer enger in den Gutshausräumen. „Das ist alles schöngeistige Kunst, was ja heute nicht mehr modern ist." Wadim reißt die Folie von einer Frauenfigur. Also von ihrem Abdruck, dem Negativ. „Sehr, sehr schöngeistig. Alles hoch ausgearbeitete Skulpturen, nur mit Modellen gemacht. Und Aspekte der geistigen Welt!" Er macht eine Sprechpause. Mit einem Herrentaschentuch bearbeitet er wieder sein verschwitztes Gesicht. „In Berlin hatte ich einen spirituellen Tempel der Schönheit, mit

Skulpturen und Pflanzen in Haus und Garten. Offen für alle Besucher." Der Tempel zieht jetzt um nach Mecklenburg-Vorpommern.

Nach zwei Stunden ist der Laster leer. Sie müssen sofort wieder los. Die Fahrt zurück in die Hauptstadt, mit 90 km/h maximal, dauert knapp vier Stunden. Acht Touren müssen sie noch abreißen, bis der ganze Umzug durch ist. Wadim bleiben nur noch wenige Wochen. Er ist mittlerweile 54 Jahre alt. „Ich hätte nie gedacht, noch mal ganz von vorne anfangen zu müssen, in meinem Alter. Aber man muss auch loslassen können, wenn das Leben es so will." Er atmet einmal tief durch: „Und ich habe in meinem Leben immer verstanden, dass es eine Ehre ist zu arbeiten! Darum habe ich mich hier wieder mal für die Arbeit und die Erde entschieden, um nicht einfach so von der Bildfläche zu verschwinden!"

Bernd startet den Diesel. Das ganze Fahrerhaus schüttelt sich einmal. Wadim schwingt sich ächzend auf den Beifahrersitz. Der Lkw ist jetzt leicht und lässt sich besser über den quatschnassen, aufgeweichten Rasen vor dem Haus rangieren. Das Scheinwerferlicht springt auf und zuckt in die Dunkelheit. Sie schaukeln auf der Dorfstraße davon. Zurück nach Berlin. An der Landesstraße 23 setzt Bernd den Blinker und gibt Gas. Die Autobahn ist nur sechs Kilometer entfernt. Wadim ist wieder unterwegs. Zwischen den Welten. Er lässt sich nicht brechen.

Alles ist ein Kreis

Ein Jahr ist seit diesem Umzug vergangen. Nun liegt Wadim auf seinem Diwan und kann gerade nicht mehr. Er hat den Park hinterm Haus freigeschnitten, Bäume gefällt, Skulpturen aufgestellt, Seerosen angepflanzt in einem Teich, den er erst anlegen musste. Er hat Wände durchbrochen und

Lebenswerk auf der Laderampe: Zentnerschwere Abgussformen für überlebensgroße Skulpturen müssen vorsichtig ins Haus bugsiert werden.

Ganesha wacht vor dem Gutshaus in Behren-Lübchin (rechts). Genauso wie damals in Berlin-Weißensee (links).

Licht in das Hinterhaus fließen lassen, „damit dieses düstere Dienstbotenkarma sich endlich verflüchtigt". Es gruselte ihm vor den dunklen Gängen im Inneren des Gutshauses. Aber jetzt will es nicht mal draußen richtig hell werden. Und dann hat er auch noch einen geheimnisvollen Tipp bekommen vom Bürgermeister der Gemeinde: Zwischen seinem Gutshaus und der steinalten

1184 wird der Ort *Behren-Lübchin erstmals urkundlich erwähnt.*
Das Gutshaus in seiner heutigen Form entsteht um 1800. Von einem wesentlich älteren Vorgängergebäude ist nur noch der mittelalterliche Gewölbekeller erhalten. Ende des 18. Jahrhunderts ist die Familie von Bernhard Matthias Graf von Bassewitz Eigentümer auf Gut Behren-Lübchin. Danach wechseln die Besitzverhältnisse in sehr schneller Folge bis zum Ausbruch des Zweiten Weltkrieges.
Zu DDR-Zeiten beherbergt das Gutshaus den Kindergarten des Dorfes, ein Ladengeschäft sowie einige Wohnungen.
Bis in die 2000er-Jahre nutzte der örtliche Fußballklub, der SV Behren-Lübchin, den Saal des Hauses und einen rückwärtigen Anbau aus den achtziger Jahren.
2018 kaufen Knut Splett-Henning und Christina von Ahlefeldt-Laurvig das inzwischen leerstehende Gutshaus der Gemeinde ab. Sie entrümpeln und entkernten das Gebäude, ein einsturzgefährdetes Nebengelass wird abgerissen. Seit 2019 besitzt der Berliner Künstler Wadim Wolf das Gutshaus, Ende 2018 beginnt er bereits mit dem Einzug.
Er gestaltet es und den umliegenden Park zu einem spirituellen Tempel der Schönheit um.

Man fühlt sich beobachtet: Im Gutspark hinterm Haus hat Wadim Wolf Platz geschaffen für seine Skulpturen aus der indischen Mythologie.

Dorfkirche von Behren-Lübchin gäbe es einen unterirdischen Gang. Er soll bei ihm im Keller beginnen und in der Sakristei des Gotteshauses enden. Zugeschüttet irgendwann in grauer Vorzeit. Was das für ihn und das Haus bedeuten könnte, weiß Wadim noch nicht. Den Gang freilegen? Vielleicht einem Geheimnis auf die Spur kommen? Auf jeden Fall käme dann noch mehr Arbeit auf ihn zu. Aber es bleibt wieder mal spannend.

Der Dezemberwind streicht feucht und beständig über die Felder hinterm Haus. Er saugt den Menschen die Wärme aus den Knochen. Kahle Bäume strecken ihre nassglänzenden, schwarzen Äste in den düsteren Himmel. Alles grau in grau. Das Glockenwerk der nahen uralten Dorfkirche schlägt viermal. Auf dem Friedhof liegt die dänische Großtante von Knut Splett-Hennings Ehefrau Christina von Ahlefeldt-Laurvig begraben. Die alte Dänin wurde in den siebziger Jahren nach ihrem Tod in die DDR überführt und in der Scholle ihrer Vorfahren beigesetzt. Das war ihr letzter Wunsch. Alles ist ein Kreis.

Die große dänische Dogge von Knut und Christina heißt Triglaf – wie einst die Slawen ihren Kriegsgott nannten. „Der dänische König Knut hat vor 800 Jahren gegen die Slawen gekämpft", sinniert Wadim auf seiner Liege. „Und jetzt verkauft ein gewisser Knut dem Slawen Wadim ein Haus an diesem geschichtsträchtigen Ort." Das ist doch verrückt.

Er steht vorsichtig auf, geht durch den kalten Saal in die kleine Küche am anderen Ende, setzt sich noch ein Teewasser auf und vertraut auf alles, was da noch kommen mag.

CARHARTT

Ein Dach für Dichter und Denker

Nina Hollensteiner und Vincenzo Latronico in SCHARPZOW

Ein Kloster für Künstler

Wie ein langer dünner Wurm schlängelt sich die Route départementale Nummer 90 durch die malerische französische Provinz. Sie beginnt nordöstlich von Paris kurz hinter Monampteuil und windet sich durch Felder und Wälder, drängt sich durch winzige Dörfer mit weißen, aus Kalkstein gefügten Landarbeiterhäuschen. Es folgen der etwas größere Ort Montchâlons, dann der große Bogen der neugebauten Umgehung von Festieux. Nina Hollensteiner ist jetzt schon anderthalb Stunden in ihrem Leihwagen unterwegs. Den hat sie am Flughafen Charles de Gaulles übernommen, sie kam mit der Mittagsmaschine aus Berlin-Tegel. Vor fünf Stunden erst hat sie ihre Wohnungstür in Kreuzberg abgeschlossen.

Sie muss aufpassen, die D 90 macht plötzlich ein paar scharfe Kurven im Wald vor Bibrax. Es ist dunkel hier und feucht im Frühjahr 2018 – und Nina ist müde und erschöpft. Sie braucht mal eine Auszeit. Das Leben der 33-Jährigen als Stylistin in der internationalen Modebranche ist extrem fordernd. Gut ausgebildet und erfolgreich mit einem Tageshonorar, das dieser Tatsache auch gerecht wird. Gut gebucht, immer unterwegs, ständig auf dem Sprung. Das Internet und die Luftfahrtindustrie machen es möglich, überall gleichzeitig zu sein und doch nirgends. Fashion shoots in Mailand, Paris, London, Berlin. Atemloses Modemarketing für große Namen. Daneben Kunstprojekte, Performances, Kreativarbeit für hochglänzende Avantgarde-Magazine. Vielfliegerstatus, Terminkalender, Sprachengewirr, let's talk English.

Kurz hinter dem winzigen Städtchen Bibrax liegt ihr Ziel: Die Rue Haute Nummer 15 in Saint-Erme-Outre-et-Ramecourt. Ein langer Name für einen wirklich sehr kleinen und ursprünglichen nordfranzösischen Ort. Die Nummer 15 ist nur ein hölzernes zweiflügeliges Tor in einer langen, grau verputzten übermannshohen Mauer, die sich schon eine Weile an der rechten Seite des

Dorfes entlangzieht. Zuerst fährt sie an ihrem Ziel vorbei. Erst dann bemerkt Nina Hollensteiner die schmale Durchfahrt. Das unscheinbare Tor führt in einen grasbewachsenen Hof. Es ist ohrenbetäubend still, als sie aussteigt. Das ehemalige Kloster ist schon vor zwei Jahrzehnten umgewidmet worden zu einem Performing Arts Forum. Man kann sich hier als Künstler einmieten, um ungestört zu arbeiten. Oder um sich einfach nur mal zu sammeln. Das Hauptgebäude der Anlage thront vier Stockwerke hoch wie ein Schloss über dem urfranzösischen Nest. 6000 Quadratmeter Wohnfläche, eigene Kapelle und ein weitläufiger Klostergarten, mit alten Bäumen bestanden.

Es ist kaum jemand anderes da. Aber das passt genau. Nina will allein sein und lesen. Sie hat sich „Differenz und Wiederholung“ eingepackt, eines der frühen Werke von Gilles Deleuze, einem französischen Philosophen. 350 Seiten nur, aber ziemlich starker Tobak. Das braucht Zeit. Und Ruhe.

Es passiert eine Woche später. Einer der wenigen, der auch zeitweilig in dem abgelegenen Refugium wohnt, ist Vincenzo Latronico. Ein junger Autor und Übersetzer, der schon 2008 mit Anfang 20 mehrere gut dotierte Literatur-Preise abgeräumt hat für sein Erstlingswerk „Ginnastica e Rivoluzione“ (Gymnastik und Revolution). Mit dem Geld zieht der junge Italiener nach Berlin. Vincenzo ist das Leben in großen Städten gewöhnt, er ist in Rom geboren, in Luxemburg aufgewachsen und mit 14 Jahren nach Mailand gezogen. Aber Berlin ist ihm dann irgendwann doch zu laut, zu bunt. Er braucht einen Ort der Konzentration und lebt jetzt schon seit einem Jahr im Kloster von Saint-Erme-Outre-et-Ramecourt, arbeitet an verschiedenen Roman-Übersetzungen und an einem Drehbuch. „Miss Äthiopien“ soll der Film einmal heißen, aber es gibt Probleme. Wackelige Finanzierung, klamme Produzenten und manchmal eine Schreibblockade beim Autor. Nina und Vincenzo treffen sich im Garten des Klosters, beäugen sich neugierig, aus ein bisschen Reden wird schnell mehr: die Zusammenlegung zweier Leben.

Der Strom der Ereignisse zerrt uns durch die Zeit. Hin und wieder machen einmündende Nebenarme den Fluss des Lebens mächtiger, unaufhaltsamer. So eine schicksalhafte Nebenfigur taucht eines Tages auch in St. Erme auf. Es ist ein Philosophieprofessor aus New York. Man plaudert, führt geistreiche Gespräche und freundet sich an. Der Mann erzählt von wohlhabenden Freunden aus dem Silicon Valley, die ein Landhaus in der Nähe von Bordeaux besitzen und damit große Sorgen haben. Es werde eingebrochen. Und die beunruhigten Eigentümer suchten dringend jemanden, der dort für eine Weile einhüte und nach dem Rechten schaue. Ob sie das nicht übernehmen wollten? House warming für ein paar Wochen. Das Anwesen liege allerdings wirklich sehr weit abseits, aber Internet sei selbstverständlich installiert. Beim Eigentümer handele es sich übrigens um einen Verwandten von Christopher Reeves. Nina und Vincenzo grinsen sich an. Das wäre doch mal was.

Literatentreff auf Gut Scharpzow

Ungefähr 130 Jahre zuvor rollen Ochsenkarren ächzend auf eine Baustelle des Dominialamtes Stavenhagen, einer Domäne des Herzogtums Mecklenburg-Schwerin. Das Gut Scharpzow soll ausgebaut werden. Die Ochsenkarren, angetrieben von rotgesichtigen, stämmigen Kutschern, schaukeln aus dem Tal der Peene und von der Kleinstadt Malchin kommend den sanften Hügel nach Scharpzow hinauf, schwer beladen mit frisch gebrannten Backsteinen aus einer örtlichen Ziegelbrennerei. Das Fundament eines abgebrochenen Vorgängerbaues wird dort gerade mit behauenen Granitsteinen verstärkt, die alte Kellerdecke zeitgemäß als „preußische Kappe“ ausgeführt. Parallele Backsteinbögen, die auf Stahlträgern ruhen. Es ist die Zeit, als viel Geld verdient wird. Die industrielle Revolution krempelt das Leben in den Städten völlig um. Eisenbahnen beginnen durchs Land zu dampfen. Maschinen ersetzen Arbeiter. Die Städte wachsen wie Geschwüre, werden immer hungriger nach Getreide, Fleisch, Kartoffeln und Milch.

Eine goldene Epoche für die Landwirtschaft in Mecklenburg. Und so gerät das neue Herrenhaus von Gut Scharpzow auch recht prächtig – jedoch nicht zu bourgeois: keine prachtvolle Auffahrt, kein überschwänglich mit Rosen bepflanztes Rondell. Ein Anwesen, das eher wie das Domizil eines Industriellen wirkt. Über einem geräumigen Keller mit hohen Decken wächst ein imposanter Backsteinbau. Vier Meter hoch im Erdgeschoss, etwas weniger im ersten Stock, darüber ein gewaltiges Ziegeldach, gedeckt mit roten Doppelfalzmulden. Kein Schloss, aber ein eindrucksvolles, praktisches Gebäude – nennen wir es fortschrittlich ländlich. Der Pächter des Gutes zu dieser Zeit ist Carl Theodor Müller.

Seine Familie zählt zu den bürgerlich-liberalen Kräften in Mecklenburg. Die Müllers sind Freigeister und ihr Anwesen gilt schnell als Treffpunkt für Literaten und Philosophen. In der Mecklenburger Provinz, auf dem Hügel von Scharpzow, lässt sich hervorragend streiten und schwadronieren. Irgendwann taucht hier August Heinrich Hoffmann von Fallersleben auf, ein Literaturprofessor aus Breslau, der in seiner ostpreußischen Heimat politisch unerwünscht geworden ist, und findet Unterschlupf für eine Weile. Richard Wossidlo ist Gast. Und schließlich setzt sogar der Mecklenburger „Dichterfürst" Fritz Reuter seinen Fuß über die Schwelle von Scharpzow. Reuter wohnt zu dieser Zeit im nur 40 Kilometer entfernten Neubrandenburg und kommt nun oft zu Besuch. Er freundet sich mit von Fallersleben an. Man diskutiert und dichtet. Fallersleben schreibt in seiner Mecklenburger Exilzeit romantische Kinderlieder wie „Ein Männlein steht im Walde" oder „Alle Vögel sind schon da". Die gehören später zum Liederkanon vieler Generationen.

Fritz Reuter ist bereits eine Art literarischer Popstar. Schon 1853 gelingt ihm mit dem Büchlein „Läuschen un Rimels" sein erster größerer Erfolg. Die Anfangsauflage von 1200 Exemplaren ist nach wenigen Wochen ausverkauft. Der Verleger Carl Hinstorff wird auf Reuter aufmerksam, es beginnt eine fruchtbare Zusammenarbeit. Mehr als eine halbe Million Exemplare Reuterscher Bücher druckt der Hinstorff Verlag. Und auf Gut Scharpzow wird in diesen Jahren gern und oft angestoßen auf die eine oder andere Neuerscheinung im Kreise der befreundeten Literaten – mit einem Glas Bordeaux aus dem wohltemperierten Weinkeller des bürgerlich-liberal geführten Anwesens.

Der Beginn einer langen Suche

Der gut gefüllte Weinkeller ist ein kleiner Trost für Nina Hollensteiner und Vincenzo Latronico. 750 Kilometer haben sie mit einem Kleinwagen abgespult an einem Tag. Von Saint-Erme-Outre-et-Ramecourt im Norden Frankreichs bis in das verwunschene Landhaus bei Bordeaux. Auf diesem langen road trip träumen sie von ihrer neuen Bleibe. Hoffentlich ist es nicht zu protzig. Man weiß ja nie bei den Amerikanern.

Das Grundstück ist tatsächlich riesig. Aber dieser kleine Landarbeiterkaten kann es doch nicht sein? Wo ist die Villa? Es dauert eine Weile, bis die beiden etwas belustigt feststellen müssen, dass es kein anderes Gebäude gibt auf dem drei Hektar großen Gelände. Zwischen wilden Sträuchern, alten Bäumen und ungemähten Wiesen voller wilder Blumen steht ein sehr einfaches weißes Haus mit unruhigem Ziegeldach. Der Schlüssel passt. Innen ist alles sehr bodenständig mit einfachen Holzmöbeln und Steinfußboden. Die Türen sind schmal, die Fenster niedrig und klein.

Die alten DDR-Fenster aufarbeiten und wieder einbauen – sie erfüllen noch ihren Zweck. Nina Hollensteiner und Vincenzo Latronico denken pragmatisch.

Internetanschluss gibt es nicht. Die Toiletten sind kaputt. Sie sitzen mitten im Nichts. aber dieses Nichts ist sehr romantisch. Ein charmantes Häuschen. Kaum Kontakt zur Außenwelt.

Nina und Vincenzo sind glücklich. Der Sommer in der südwestfranzösischen Provinz verstreicht, als wäre es ein einziger langer sonniger Tag. Die beiden genießen die Ruhe und die scheinbar unendlich zur Verfügung stehende Zeit. Was für ein Luxus! Sie beschließen: So etwas wollen wir auch. Ein einsames Haus auf dem Land.

Das Paar bleibt erst einmal in der Gegend um Bordeaux und sucht dort. Nur kurz fliegt Nina nach Berlin, um ihre Wohnung in Kreuzberg aufzulösen. Das spart schon mal 1500 Euro Miete pro Monat. Sie leben von Luft und Liebe und von der Idee, in Südfrankreich ein bezahlbares Haus zu finden, das weit ab vom Schuss ist, aber dennoch nicht so weit im Nirgendwo, dass man es nicht noch erreichen kann, wenn man Gäste empfangen will oder selbst mal verreisen muss. Beruflich natürlich, denn Ninas internationale Projekte laufen weiter. Das verwunschene einsame Landhaus bleibt die Basis.

Bis das Auto kommt. Das ist noch nie passiert. Ein fremdes Fahrzeug, das einfach so auf dieses weitläufige, verwilderte Grundstück ruckelt. An Bord des beigefarbenen Peugeot 506 sind zwei buddhistische Mönche, ein französischer Clown und eine aufgekratzte Deutsche. Die Ablösung. Freunde der amerikanischen Eigentümer. Ninas und Vincenzos Zeit in Südfrankreich läuft ab.

Ein Filmteam zeigt den Weg

Im fernen Mecklenburg dreht derweil die Film- und Fernsehproduktionsfirma Populärfilm die fünfte Folge einer Langzeitdokumentation über alte Gutshäuser und deren neue, junge Eigentümer. Aus einem Einzelprojekt des NDR-Fernsehens ist seit 2013 eine ganze Serie geworden. Die Helden von „Mit Mut, Mörtel und ohne Millionen“ leben und bauen in ihren Häusern in Rensow, Kobrow, Dersentin, in Dölitz, Vilz und Behren-Lübchin. Ein spannender Stoff für die Filmemacher. Und für die Zuschauer. Die Doku-Reihe hat viele Fans, nicht nur im norddeutschen Sendegebiet. Denn die Gutshausretter sind allesamt imponierende Charaktere, starke Persönlichkeiten. Jede Figur oder Familie auf eigene Art. Die meisten der historischen Herrenhäuser, viele in schlimmem Ausgangszustand, sind Dauerbaustellen, liegen aber in einer malerischen Landschaft, dem Mecklenburger Parkland. Im Frühjahr blühen schreiend gelbe Rapsfelder, im Spätsommer raschelt das reife Korn und Mähdrescher schleppen gewaltige Staubfahnen hinter sich her, im Herbst verschleiern streifige Morgennebel den Sonnenaufgang. Die Winter sind lang und zuweilen recht düster. Die Filmemacher begleiten die neuen Herrenhausbesitzer und ihre Sanierungsprojekte durch die Jahreszeiten und durch Höhen und Tiefen.

Nina und Vincenzo ziehen fürs Erste nach Süditalien in ein sonnendurchglühtes Ferienhaus seiner Eltern. Der Sommer ist sehr heiß, aber die Gegend um Terracina Latina und dieses Haus am Meer sind auch wieder betörend schön. Die beiden suchen weiter nach einem passenden Anwesen für ein Projekt, das jetzt immer konkretere Formen annimmt. Es ist das Performing Arts Forum im ehemaligen Kloster von Saint-Erme-Outre-et-Ramecourt, das ihnen als Vorbild dient. Nina und Vincenzo wollen eine Künstlerresidenz aufbauen. Einen Ort, wo sich Schriftsteller, Philosophen, Kulturschaffende und Theoretiker treffen können, ohne ans Geld-Verdienen

Schau mal, wie ich dalieg! Mecklenburger Winterlandschaft mit magischem, verschleiertem Licht. „Das ist wie der Gegenentwurf zur Toskana“, findet Nina.

denken zu müssen. Wo das Wohnen erschwinglich ist und Zeit keine Rolle spielt. Wo man sich trifft, austauscht, diskutiert. Wo die Gedanken frei sind und Ideen wachsen können. Sie sehen sie schon vor sich – Seminarwochen, Lesungen, Diskussionsrunden –, träumen von konzentrierter Arbeitsatmosphäre und großzügigen Räumlichkeiten in einem Haus, das inmitten einer wunderschönen, ruhigen Umgebung liegt.

Der Vatikan, erfahren sie durch Zufall, verkauft einige Kirchen in Italien. Vincenzo, der studierte Philosoph und Literaturwissenschaftler, hängt ab sofort am Telefon, parliert und philosophiert mit katholischen Immobilienagenten in seinem Heimatland. Und tatsächlich findet sich ein Ort, der den Suchenden den Atem nimmt: 100 Jahre alte Olivenhaine umgeben die barocke halbrunde Kirche von Brisighella, die dramatisch auf der Kuppe eines Kalksteingebirgszuges in der Emilia Romagna liegt. Die Kapelle ist ausgemalt. Es gibt keine direkten Nachbarn. Sie sind am Ziel. Doch die Verhandlungen geraten ins Stocken und versanden am Ende gänzlich.

Wenn es auf dem Land nichts wird, dann vielleicht in der Stadt? Doch sie darf nicht langweilig sein. Berlin. Etwas anderes kommt auch gar nicht in Frage. Vincenzo kennt sich hier schon ganz gut aus und die Metropole ist auch Ninas zweite Heimat. „The New Berlin" – wie es mal zur Jahrtausendwende hieß: international, brachial, laut und lebensfroh. Hier kann man Projekte starten. Hier findet man alles, was ein Kreativer braucht. Außer bezahlbarem Wohnraum und frischer Luft.

Also doch das Umland. Nina und Vincenzo treiben mehrere Brandenburger Makler an den Rand der Verzweiflung: Sie wollen ein großes Haus, bezahlbar, in nicht zu schlechtem Zustand, mit guter Verkehrsanbindung nach Berlin – und bitte keinen einzigen Nachbarn im Umkreis von fünf Kilometern. Ein klares Ziel. Aber die Uckermark ist ausverkauft.

Vielleicht weiter nördlich. Die beiden beginnen, sich für Mecklenburg-Vorpommern zu interessieren. Da soll es jede Menge verwaiste alte Gutshäuser geben. An einem kalten Freitagabend Ende Januar 2019, die Sonne hat sich schon kurz nach vier von einem trüben Himmel verabschiedet, ist beim NDR gerade die Tagesschau zu Ende. Der Wetterbericht. Schwach ausgeprägte Tiefdruckgebiete ziehen von Island Richtung Südosten. Regen wird erwartet, Wind aus nordwestlichen Richtungen. Temperaturen um 4 Grad. Für die Jahreszeit zu warm.

Dann beginnt der Vorspann einer Dokumentation. Mit „Mut, Mörtel und ohne Millionen". Untertitel: „Happy End im Herrenhaus". Eine bröselnde Backsteinmauer ist zu sehen, die tiefstehende Wintersonne scheint durch ein leeres Fensterkreuz direkt in die Kamera. Umschnitt. Luftbild. Die Kamera schwebt über einem alten Gebäudekomplex. Der Kommentarsprecher setzt ein: „Das leerstehende Haus mitten im Dorf, für die Gemeinde seit Jahren ein Klotz am Bein ..." Vincenzo schaut zuerst gar nicht hin, er ist erst seit ein paar Monaten dabei, Deutsch zu lernen. Aber Nina übersetzt ein bisschen und die Filmbilder sprechen für sich. Es geht um alte Gutshäuser und ihre Retter. Am Ende der Doku haben die beiden einen Plan: „Let's try it up there in Mecklenburg." Nina klappt ihren Laptop auf und tippt. Der Cursor wandert durchs Google-Suchfeld: Gutshaus Mecklenburg kaufen.

„Gegenentwurf zur Toskana"

Der Februarmorgen eine Woche später ist nasskalt und grau. Auf der vom Nieselregen glänzenden Asphaltdecke der B 104 – die sich schnurgerade wie ein kanadischer Highway über die langgestreckten Hügel Mecklenburgs drapiert hat: Schau mal, wie ich dalieg! – spiegeln sich die Scheinwerfer der entgegenkommenden Autos. Ab

Das Gutshaus von Scharpzow wurde erst Mitte des 19. Jahrhunderts auf alten Grundmauern neu errichtet. Innen ist auf den ersten Blick noch vieles intakt.

und zu bricht die tiefstehende Sonne durch die Wolken. Dann wieder leuchtet sie nur matt und schmutziggelb hinter verschiedenen Grautönen. Das dramatische nordische Licht fesselt Nina. „Die Schönheit des Spektakulären, die sich so selbstverständlich über die unspektakuläre Landschaft legt." Die Fritz-Reuter-Stadt-Stavenhagen hat sie hinter sich gelassen, ist durch Malchin gefahren und rollt nun weiter nach Norden. Die schnurgerade Straße liegt jetzt auf einem Damm inmitten riesiger, nasser Wiesen. Eine Brücke hilft über den Dahmer Kanal. Große Wasserflächen blinken links und rechts – alte Tongruben, in denen einst der Rohstoff für viele Mecklenburger Backsteinbauten gefördert wurde. Nina setzt den Blinker, muss schärfer bremsen als gedacht und kurbelt am Lenkrad. Der Abzweig nach Neukalen, kurz hinter Malchin, kommt plötzlich. Noch zwei Dörfer, Pisede und Gülitz. Hühnermastanlagen, Garagen, Schuppen, Wohnhäuser mit Eingangstüren aus schneeweißem Kunststoff. Dünn besiedeltes plattes Land.

„Der Gegenentwurf zur Toskana", denkt Nina Hollensteiner, die Stylistin und ausgebildete Künstlerin, die schon von Berufs wegen immer auf der Suche nach dem Anderen ist. Nach dem Schönen im Hässlichen, dem Neuen im Alten, dem Besonderen im Unscheinbaren. Ihr Job in der Modebranche ist es, aufkommende Trends zu kommunizieren, Bedürfnisse und Mängel der Gesellschaft zu analysieren, um Luxusprodukte zu vermarkten. „Man kann damit", sagt sie, „eine Gesellschaft auch positiv beeinflussen, wenn nicht gar ändern. Wenn man zum Beispiel nicht immer nur schöne und dünne Models fotografiert oder wenn Männer Röcke tragen. Das bewegt auch etwas."

Der Mann, mit dem sie verabredet ist, trägt keinen Rock, sondern eine wichtige Miene, ist Mitte sechzig und erzählt ihr davon, dass er auf der Spur eines spektakulären Kunstraubs der letzten Kriegstage ist, dem ebenso legendären wie verschollenen „Bernsteinzimmer". Zumindest weiß er sehr viel darüber. Er ist der aktuelle Eigentümer des Gutshauses von Scharpzow, ganz in der Nähe. Ein Hobby-Historiker, der mit alten Immobilien handelt und jetzt auf die junge Frau einredet. Sie sitzen in seiner Küche, es gibt Krümelkaffee und Kekse. Es geht weiter um Raubkunst und geheime Transporte zu Kriegsende. Erst nach Stunden brechen Verkäufer und Interessentin endlich auf, um nach Scharpzow zu fahren.

Nina Hollensteiner versucht sich auf das Gutshaus zu konzentrieren. Sie fährt ihre Antennen aus, tastet sich mit allen Sinnen durch Gebäude und Garten. Das Haus hat ein gutes Karma, denkt sie sich. Es ist zwar kaputt und alleingelassen, strahlt aber nichts Bedrohliches aus. Und es riecht gut.

Während der Mann weiterhin von mysteriösen Schatzsucherprojekten und Tragödien zum Ende des Zweiten Weltkriegs erzählt – „Im Kummerower See befindet sich noch eine abgestürzte Junkers 188. Ich weiß, wo sie liegt" –, denkt Nina nach. Scharpzow ist eine andere Begegnung als die mit einem wunderschönen Ort in Italien. Ein ostdeutsches Dorf im Winter, zusammengewürfelt und depressiv. Aber die Charakteristik erscheint ihr interessant. Die Antiästhetik dieser Dörfer findet sie anziehend. Anders als in italienischen oder französischen Dörfern, wo alles oft sehr stimmig und unverändert aussieht, ist hier viel überbaut, verändert und modernisiert worden. Nina mit ihrem Auge für Gestaltung fällt er auf, der harte Stilmix, den man sonst selten sieht.

Und Nina mag den Winter. Sie verliebt sich in den weitläufigen Park mit den kahlen, gewaltigen Buchen und Eichen, an dessen Rand das Gutshaus steht. Ein stabiler, großer, praktischer Backsteinbau, gut 125 Jahre alt. Sie macht noch ein paar Fotos. Verabschiedet sich höflich. Da reißt die Wolkendecke auf und ein kaltes, grelles Bündel Sonnenstrahlen trifft auf Haus und Hof. Kauf mich!

Überraschungen im Dachgeschoss

Wie ein übergewichtiger Patient auf der Intensivstation wirkt das voluminöse Gebäude vier Monate später. Gelbe Schläuche an allen Ecken sollen das Regenwasser vom Dach ableiten. Die Fallrohre sind seit Jahren dahin. Nina und Vincenzo stochern innen in den Decken. Schlagen Putz ab. Hebeln Dielen aus den Holzfußböden. Kontrollieren Balkenköpfe – die sind die Schwachstellen jedes Altbaus. Und reißen die Einbauten im Dach heraus – dahinter lauert meistens der Gammel. Die beiden Gutshausretter sind an das Projekt nicht naiv herangegangen. Sie haben vor dem Kauf einen Architekten mit der Begutachtung beauftragt, Schwerpunkt Denkmalschutz. Aber die endgültige Bestandsaufnahme dauert lange und kann schmerzhaft sein.

Mitte März 2019, bei einem Notar in Malchin, haben sie den Kaufvertrag unterschrieben. Und das Ereignis mit Champagner gefeiert, zu zweit in einem vier Meter hohen Raum im Erdgeschoss

Nina Hollensteiner kümmert sich um Ästhetik und Funktion der alten Doppelfenster – selbst wenn es von der Decke rieselt.

Schlimme Entdeckungen im Obergeschoss von Scharpzow: Pilze, Gammel, Schimmel. Die Ausfachungen unter dem Dachstuhl sind zu großen Teilen verfault.

ihrer Neuerwerbung mit Blick in die Mecklenburger Landschaft. Sie sind am Ziel, fühlen sie, beziehungsweise am vielversprechenden Anfang eines langen Weges. Von den durchgefaulten Geschoßdecken hatten sie schon eine Ahnung, die schlimmen Überraschungen hinter den Wandverkleidungen im Obergeschoss werden sie erst vier Wochen später entdecken.

Sie bleiben tapfer. Stoisch nehmen sie das ganze Haus unter die Lupe. Nina puhlt in den Decken, Vincenzo reißt mit Kuhfuß und Stemmeisen die Wandverkleidungen aus DDR-Zeiten im Dach heraus. „Wenn wir jetzt jedes Mal Panikattacken und Angstausbrüche bekämen, sobald wir einen neuen Schaden sehen, dann würden wir hier irgendwann schreiend rausrennen. Deswegen machen wir das jetzt alles ganz pragmatisch", tröstet sich Nina. „Wir sagen uns einfach: Okay, das sieht schlecht aus, das muss ersetzt werden."

Vincenzo ruft nach ihr von oben aus dem Dach. Sie kann ihn hören durch die Löcher in den Decken. „Look at this!" Kurz danach stehen die beiden in einer Dachkammer vor einem Loch in der Wand. Die Balken, die sich dahinter befinden sollten – die ganzen Sturzriegel, Ständer, Rahmen und Schwellen, die den Dachstuhl stützten – vor 125 Jahren von Zimmerleuten kunstvoll zusammengefügt –, sind nicht mehr da. „It's a mushroom party", sagt Vincenzo Latronico, der Literat und Philosoph. Alles von Anobien zerfressen, vom großen und kleinen Würfelbruch, von Fäulnis und Holzpilzen. „Pizza funghi everywhere ..."

Vincenzo ist ein Sprachtalent, er lernt schnell. Die ersten deutschen Wörter, die er bald fehlerfrei ausspricht sind: Dachziegel, Balkenkopf und Bauschaum. Zum Glück steckt kein Hausschwamm im Gemäuer, wie ein Gutachter feststellt. Auch der Dachstuhl selbst zeigt sich intakt. Nur das Trägerfachwerk der Dachkonstruktion ist zerbröselt.

Sie machen weiter. „Being stupid on purpose", sagt Vincenzo dazu. Bald strömen Licht und Luft durchs Haus. Es trocknet. Geschickte Zimmerer stehen ihnen zur Seite und fädeln mit Flaschenzügen, langen Ketten und Gurten tonnenschwere neue Holzbalken in die Geschossdecken. Im provisorischen Baubüro, das sie sich im Obergeschoss eingerichtet haben, bilden sich allerdings bald Kaskaden von Handwerkerrechnungen. Es wird teuer. Aber das war ihnen klar.

Wenig später steht das Fernsehteam der Reihe „Mit Mut, Mörtel und ohne Millionen" auf dem Hof. Der sechste Teil wird gerade gedreht – die Fans der Reihe und die Filmemacher selbst sind weiterhin hungrig auf neue Gutshausgeschichten. Nina und Vincenzo machen mit. Wieder so eine verrückte Sache. Jetzt sind sie Teil einer TV-Produktion, die sie erst auf die Idee gebracht hat, hierher nach Scharpzow zu kommen. Alles ist ein Kreis. Das beflügelt ein wenig. Aber die Probleme im Haus werden davon nicht kleiner.

Ein klärendes Angebot

Im Herbst, die Stimmung ist ziemlich am Boden in Scharpzow, rollt ein fremdes Auto die Auffahrt zum Haus hinauf. Ein Ehepaar steigt aus und streicht sich die vom langen Sitzen zerknitterten Klamotten glatt. Sie wollen kaufen. Bieten ohne Umschweife eine stattliche Summe für die Baustelle und das dreieinhalb Hektar große Grundstück.

Nina und Vincenzo überlegen wirklich kurz, denn zu diesem Zeitpunkt ist ihnen schon klar,

In diesem Raum haben sie mit Champagner angestoßen: auf den Beginn eines großen Abenteuers in Mecklenburg.

dass die Sanierung deutlich teurer werden wird. Sie versprechen, über das Angebot nachzudenken. „Haben wir eigentlich noch Lust auf dieses Haus mit den ganzen Verpflichtungen", fragt sich Nina. „Und wollen wir mit dem Geld nicht ein neues Haus kaufen und wieder mit dem Bauen anfangen. Ein frisches Projekt?" Vincenzo gibt zu bedenken: „You don't know – du weißt ja nicht, was dort dann alles auf uns zukommt." Und Nina bestätigt: „Dieses Haus kennen wir jetzt wenigstens in- und auswendig. Wir wissen genau, was alles kaputt ist. Es war eine schmerzhafte Anfangserfahrung. Aber mehr kann nun nicht kommen."

Das Angebot ist trotzdem verlockend. Alles, was sie bisher in das Gutshaus gesteckt haben, wäre refinanziert und es bliebe sogar etwas übrig. Sie wären auf einen Schlag das Geldgrab in Scharpzow los und wieder flüssig und frei!

Nina und Vincenzo lehnen ab.

Und machen weiter. Ideelle Unterstützung kommt von den anderen Gutshausrettern. Zusammen mit ihren Kindern schauen Knut Splett-Henning und Christina von Ahlefeldt vorbei. Sie sind neugierig. Vilhelmine, Bendix und Balthasar spielen Stöckchen holen mit Ninas und Vincenzos Schäferhündin Alpha. Die Eltern bekommen eine Baustellenführung. Und sparen nicht mit Zuspruch. Weitermachen! Man trifft sich zu langen Abenden in der Küche von Rensow, wo die Gedanken frei fließen können wie der Wein. Das Gutshaus von Knut und Christina ist ein Mutmacher für Nina und Vincenzo. Und der Kontakt zu den beiden ist es auch. Die Gemeinschaft der Gutshausretter hat einen Neuzugang.

„Auf jeden Fall hierbleiben", sagt Nina Hollensteiner. „Ich habe hier gelernt, wie gut Beständigkeit sein kann."

„Ganz hier sein"

In Scharpzow geht es langsam weiter voran. Im Frühjahr 2020 sind die meisten neuen Deckenbalken eingezogen. Gusseiserne Radiatoren, Nachbauten aus der Jahrhundertwende, stapeln sich frisch angeliefert auf Paletten. Feuchter, erdig duftender Lehmputz wird an die Decken gerieben. Ein neuer Heizungskessel steht im geräumigen Keller. Die Fördermittel für den Aufbau eines neuen Daches sind genehmigt. Im Tale grünet Hoffnungsglück. Das Projekt Scharpzow hat jetzt auch einen Namen: „Fritz Manor", Herrenhaus Fritz. Geplant sind acht Doppelzimmer und acht Studios im Obergeschoss, eine Bibliothek mit Arbeitsraum, ein Saal, ein Konferenzraum und eine Küche im Erdgeschoss. So wie einst sollen hier bald wieder Dichter und Denker wirken und streiten. Ein intellektueller Salon. Kein Kommerz. International und offen, auch für die Gemeinde.

Nina und Vincenzo machen eine Pause hinter dem historischen Geflügelhaus am Teich. Hier ist es windgeschützt und die Aprilsonne wärmt. Die beiden sind angekommen in Scharpzow. Um nicht zu sagen, sie sitzen fest. Ein hochansteckender Virus hält gerade die ganze Welt in Schach. Reisen sind unmöglich. Vincenzo kann nicht nach Italien. Nina hatte ein Projekt mit einem Chinesen. Alles fällt aus gerade. Aber der Frühling im Malchiner

***Scharpzow** liegt an der Bundesstraße 104, wenige Kilometer südöstlich von Malchin, am Rande des Peenetales.*
Einer der ersten Pächter des Dominialgutes Scharpzow ist von 1778 bis 1780 der Oberhauptmann von Maltzahn, danach wechseln in schneller Folge die Betreiber. Von 1780 bis 1799 pachtet es der Amtmann Kruse, von 1799 bis 1817 ein gewisser L. O. F. Roggenbau – bis schließlich 1817 Carl Theodor Müller das Gut zur Pacht übernimmt.
Das heutige Gutshaus entsteht Ende des 19. Jahrhunderts durch den Umbau eines älteren Gebäudes. Hinter dem Haus liegt ein kleiner Park mit einem Teich, Alleen und teilweise wertvollem Baumbestand.
Das Gutshaus wird bis vor wenigen Jahren zu Wohnzwecken genutzt, steht dann einige leer, ist dem Verfall und Vandalismus preisgegeben. Im Jahr 2016 findet durch einen Neukalener Immobilienunternehmer eine Entkernung und Grundsanierung statt.
Im Frühjahr 2019 erwerben die beiden Kreativen Nina Hollensteiner und Vincenzo Latronico das Anwesen.
Die Bauarbeiten in dem stark sanierungsbedürftigen Haus laufen auf Hochtouren.

Peenetal ist ein Traum und im Haus geht es voran. „Ich bin ja sonst immer auf dem Sprung und nie ganz raus aus meiner Szene in der Großstadt", sagt Nina. „Aber jetzt ist es auch schön, mal ganz hier zu sein. Und es gibt tolle Schnittmengen für uns in der Gegend. Wir haben schon viele neue Bekannte und Freunde gewonnen." Die beiden schwärmen davon, dass Mecklenburg-Vorpommern für sie einmalige Bedingungen biete. Schließlich haben sie eine europaweite Recherche hinter sich. Es gibt viel Platz, viel Landschaft und mittendrin schöne, große, alte Gutshäuser. Vincenzo hat zwar manchmal etwas Heimweh, aber wenigstens erinnern ihn die Mecklenburger mit ihrer Mentalität sehr an die Sizilianer.

Die Sonne blendet. Die Feldlerchen singen unermüdlich ihr schrilles, flötendes Tralala. Alle Vöglein sind schon da. Der Himmel spannt sich wolkenlos und blassblau über die Landschaft, durch die schon Fritz Reuter und Hoffmann von Fallersleben gewandert sind. Jetzt wickelt sich Nina Hollensteiner, in Bielefeld geboren, ein T-Shirt als Schattenspender um den Kopf. „Das Dorf ist total nett", schwärmt sie. „Ich wünsche mir deshalb, dass wir im Haus auch einen öffentlichen Bereich haben, für Aktivitäten des Dorfes." Ein Ort der Begegnung könnte es werden, zwischen den internationalen Gastkünstlern, zwischen den digitalen Nomaden, die unruhig durch die Welt tigern, und den sesshaften, auf ihrer Scholle verwurzelten Mecklenburgern. Das kann doch recht spannend werden. „Auf jeden Fall", sagt Nina ruhig und lehnt sich zurück, „bleiben wir. Denn eines haben wir von den Leuten hier schon lernen können: Wie gut es ist, Beständigkeit zu haben."

Ostelbien – sagenhaftes, begehrtes Land

Wenn der aufmerksame Betrachter mit dem Flugzeug von Westen kommend über die Elbe nach Osten fliegt, das Wetter schön und die Sicht gut ist, entdeckt er, dass sich die Struktur der Landschaft da unten ändert – auf der anderen Seite des Flusses. In den meisten Dörfern, die hier und da zwischen weiten Ackerflächen, Wiesen und Wäldern auszumachen sind, steht fast immer ein Gutsschloss, ein Herrenhaus oder eine stattliche Ruine – bis heute.

Ritterfamilien auf Raubzug Richtung Osten

Schon in den frühen Jahren des Heiligen Römischen Reiches Deutscher Nation trennt die Elbe zwei sich unterschiedlich entwickelnde und entwickelte Gebiete: Westlich des Flusses, zwischen Rhein und Donau, liegt jener Teil, der damals rechtlich, religiös und diplomatisch noch lange an Rom orientiert ist, mit weitreichenden Folgen bis heute. Dort bilden sich im Laufe der Jahrhunderte große Herzogtümer heraus.

Rechts der Elbe dagegen, also östlich bis nördlich, geht es ganz anders zu. Hier erstreckt sich „Ostelbien" in die mitteleuropäische Tiefebene hinein – mit einer unklaren Abgrenzung bis in die Weiten des Ostens. Es reicht bis ins heutige Litauen und zerfasert dort im sumpfigen Flachland. Hier gelten andere Gesetzmäßigkeiten. Hier gibt es kein Sklavensystem wie bei den Römern. Hier leben Slawen, Wenden und Balten in teilweise recht fortschrittlichen Gesellschaftsstrukturen. Hier versucht kein römischer Kaiser, das Gebiet in eine zentrale Verwaltung und Entwicklung einzuordnen.

Ab 935 nach Christus und unter Otto dem Großen kämpfen Heerscharen von Rittern, Hasardeuren und Söldnern östlich der Elbe gegen Slawenstämme und gegen die Dänen. Der Osten gilt als weniger gefährliches und risikoreiches Gebiet beim Bestreben, Macht zu erweitern und räumliche Ausdehnung zu erreichen – im Gegensatz zu anderen Eroberungsprojekten, wie zum Beispiel den von der lateinischen Kirche sanktionierten Kreuzzügen. Das Krieg-Führen ist für die vielköpfigen Ritterfamilien ein gewohnter Lebensstil, denn davon leben sie zumeist. Mit einem gewaltigen Gefolge von Kameraden und Konkubinen, Frauen, Kindern, Handwerkern, Huren, Händlern und Gauklern ziehen sie immer weiter nach Osten. Die eroberten Gebiete lässt Otto in sogenannte „Marken" aufteilen, Grenzgebiete, in denen die Macht des Königs nur teilweise greift. In seinem Namen regieren stattdessen unabhängige Markgrafen mit harter Hand. So entsteht als Erstes die Billunger Mark östlich der Elbe. Es folgen die Uckermark, die Altmark, die Mark Brandenburg und andere.

Knapp 200 Jahre später betritt Heinrich der Löwe die Bühne der Geschichte. Ein Schwabe. Er soll gut gebaut gewesen sein, von mittlerer Größe und ungewöhnlicher Körperkraft. In den Überlieferungen ist von starken Gesichtszügen die Rede, von großen schwarzen Augen und beinahe pechschwarzen Haaren. Heinrich ist eine der bedeutendsten Persönlichkeiten des Mittelalters. Er entstammt dem Geschlecht der Welfen und ist genauso machthungrig wie seine Vorfahren. Also startet der schöne starke Herrscher im Jahre 1147 zusammen mit Albrecht dem Bären den sogenannten Wendenkreuzzug. Die nächste Ostkolonisation beginnt. Zuerst lässt Heinrich die Bistümer Ratzeburg und Mecklenburg-Schwerin wiedererrichten. Nicht nur von dort aus erobert er dann weite Teile des heutigen Mecklenburg-Vorpommern. Und die Ritterfamilien, die Söldner seines Heeres, ziehen immer weiter.

Katastrophen des Mittelalters

Die landhungrigen Kämpfer können sich weitläufig in Ostelbien ansiedeln. Es ist die Belohnung dafür, dass sie die hier ansässigen Slawenstämme immer mehr zurückdrängen. Sie unterwerfen und christianisieren die Obotriten, ziehen über die Peene immer weiter nach Osten, besiegen die slawischstämmigen Zirzipanen, die Ukranen und die Pomoranen. In Behren-Lübchin bei Gnoien steht zu dieser Zeit mitten in einem großen See eine Hauptbefestigungsanlage der Zirzipanen. Eine gewaltige Wasserburg auf einer Insel. Dänische Soldaten nehmen sie mehrfach ein und zerstören sie schließlich komplett.

Wenig später brechen die großen Katastrophen des Mittelalters über die Menschen herein. Pestepedemien, Hungersnöte, Dürren und schlimme Schlechtwetterperioden – die letzte sucht um 1430 die ganze Erdkugel heim mit ungewöhnlich kalten Sommern, verminderter Sonnenstrahlkraft und schweren, lang anhaltenden Regenfällen. Erst danach wird das Klima in Mitteleuropa wieder besser. Die stark dezimierte Bevölkerung erholt sich. Städte wachsen und Handel blüht auf. Das lässt die Nachfrage nach Milch, Gemüse, Vieh und anderen Nahrungsmitteln immer weiter ansteigen. Während die Grundherren westlich der Elbe ihre Eigenwirtschaft einschränken und den größten Teil ihrer Ländereien gegen einen festen Pachtzins den gemeinen Bauern zur Nutzung überlassen, gehen die ostelbischen Adligen einen anderen Weg. Sie sehen in einer vergrößerten Eigenproduktion einen vielversprechenden Weg, ihre Güter noch profitabler zu machen, und drängen dabei die einst freien Bauern immer mehr zurück. Damit verschiebt sich das Hauptgewicht der landwirtschaftlichen Produktion in den herrschaftlichen Gutsbetrieb.

Gerade in den über ihre mittelalterlichen Mauern hinauswuchernden Städten wird die Nachfrage nach Korn, Mehl, Bier und Gemüse groß und größer. Immer weniger Ackerbürger sorgen dort für sich selbst oder ihre Gemeinschaft. Die fortschreitende Arbeitsteilung und Spezialisierung treibt freie Arbeitskräfte in Manufakturen, in den Handel und das Handwerk. Die landwirtschaftlichen Güter rundherum profitieren von der neuen arbeitsteiligen Welt. Sie sind jetzt die Versorger und liefern ihre Erzeugnisse in immer hungriger werdende Städte. Ihre Eigentümer können in diesen Zeiten teilweise zu großem Reichtum gelangen. Wenn sie geschickt wirtschaften oder ihre Untertanen rücksichtlos ausbeuten. Oder beides.

Der Dreißigjährige Krieg, der mit seinen Auswirkungen in Wirklichkeit viel länger dauert als drei Jahrzehnte, beendet die Phase der wirtschaftlichen Erholung wieder. Als das Gemetzel überstanden ist, liegt ein entvölkertes, verbranntes Land brach. Die Gutsfamilien in den Jahrhunderten danach leben oft auf den historischen Grundmauern der in diesem Krieg geschliffenen Anlagen. Teilweise errichten sie ihre meist repräsentativen Häuser über den Ruinen alter Ritterburgen, die noch aus den Eroberungszeiten unter Otto dem Großen und Heinrich dem Löwen stammen.

Die große Hoffnung: „Stadtluft macht frei"

Mit der Gutsherrschaft eng verknüpft sind bis heute Begriffe wie Leibeigenschaft und Erbuntertänigkeit. Dienstbarkeitsverhältnisse, die mit Sklaverei oder Hörigkeit vergleichbar sind. In einer „Gesinde- und Bauernordnung", 1654 herausgegeben von Adolf Friedrich I. von Mecklenburg, ist der Begriff „leibeigen" das erste Mal belegt.

Leibeigene sind zu Frondiensten verpflichtet, dürfen das Gebiet, über das ihr Leibherr verfügt, nicht ohne dessen Zustimmung verlassen, unterliegen seiner Gerichtsbarkeit und damit seinem Wohlwollen und seiner Willkür. Leibeigene bewirtschaften den Grund und Boden ihres Herrn und schulden ihm als Gegenleistung erhebliche Abgaben ihrer Erzeugnisse. Sie haben zudem die sogenannten Hand- und Spanndienste zu leisten, also Arbeitskraft und Fuhrwerke zur Verfügung zu stellen.

Bis in die Gassen und auf die Märkte der heranwachsenden Städte langt der mächtige Arm der Grundherren aber nicht. Hier gilt der Rechtsgrundsatz „Stadtluft macht frei": Leibeigene, die in eine Stadt flüchten, sind nach „Jahr und Tag" unantastbar für ihren einstigen Herren. Es sei denn, er kann sie schnell im Gewimmel der chaotischen Stadtstrukturen aufspüren und mit „sieben Zeugen" belegen, dass jene armen Kreaturen einst ihm gehörten.

Ausweg aus der Unfreiheit: Die Reise nach Amerika

Die Prinzipien von Grundherrschaft und Leibeigenschaft in den mecklenburgischen Gutsdörfern lösen sich nur sehr langsam auf. Der Prozess der sogenannten Bauernbefreiung dauert fast 150 Jahre. Befeuert und angetrieben von einer Auswanderungswelle, die in Europa nur noch auf den irischen Inseln ihresgleichen findet. Ab 1850 strömen aus den beiden Großherzogtümern Mecklenburg-Schwerin und Mecklenburg-Strelitz über 200 000 Menschen nach Übersee, davon die meisten nach Nordamerika. Sie fliehen vor der Unterdrückung durch Gutsherren und vor der Armut, die sie als Tagelöhner in schnell wachsenden und übelriechenden Städten erwartet. Sie schiffen sich in Bremerhaven oder Hamburg ein und machen damals die großen Reedereien reich. Manche Kleinstadt und manches Dorf in den USA ist bis heute nach einem mecklenburgischen Ort benannt. Es gibt ein Mecklenburg in North Carolina, ein Crivitz in Wisconsin, ein Trent (Rügen) in Texas und ein Marlow in Oklahoma. Es finden sich dort bis heute Plattdeutsch-Vereine und deutsche Klubs und Deutsch ist immer noch lebendige Sprache.

Aus den Gutsfamilien in der alten Heimat entwickelt sich währenddessen das berühmt-berüchtigte Junkertum, jene ostelbische Herrschaftskaste, die bald den Offiziersnachwuchs für die preußische Armee liefert und sich im Gegenzug weiter ihre gutsherrliche Regionalmacht garantieren lässt. Die meist adeligen Junkerfamilien herrschen über ihre Gutsdörfer oft mit harter Hand. Es gibt aber unter ihnen auch Humane, die ihre Untergebenen ordentlich behandeln. Die großen und manchmal übergroßen Gutshäuser sind das jeweilige wirtschaftliche Zentrum der Gutsbetriebe – häufig mit mehreren Dutzend Angestellten: Köchen, Gärtnern, Stallburschen, Hausmädchen, Knechten und vielleicht einem Hauslehrer.

Kriegsende, Chaos und Bodenreform

In den letzten Wochen des Zweiten Weltkrieges spielen sich auch in den Gutshäusern Ostelbiens schlimme Szenen ab. Gutsfamilien fliehen vor der heranrückenden Sowjetarmee oder bringen sich um. Wütende, rachsüchtige, übermütige, sieges- und wodkatrunkene Soldaten plündern, vergewaltigen und feiern. Sie saufen die Weinvorräte aus den Kellern der Gutshäuser leer, pissen in Klaviere und schlafen ihren Rausch eingewickelt in herabgerissenen Samtvorhängen aus. Sie rächen sich damit auch für die niedergebrannten Dörfer in ihrer Heimat, für Massenerschießungen und schlimmes Leid in ihren eigenen Familien, dass die Deutschen ihnen zuvor angetan haben.

Der Zustand der über 2000 Gutshäuser in Mecklenburg-Vorpommern ist sehr unterschiedlich. Zu den sanierten gehört die Anlage in Diekhof samt Kapelle von 1768.

Nach dem Ende des Krieges im Mai 1945 droht im folgenden Spätsommer die Ernte auf den Feldern der riesigen Güter zu verfaulen. Es sind kaum noch Landarbeiter da – und auch keine polnischen und russischen Zwangsarbeiter mehr wie zu Zeiten der Kriegswirtschaft. Dafür ist das Land voll mit Flüchtlingen und Vertriebenen aus den ehemaligen deutschen Gebieten im Osten. Millionen sind unterwegs, die ernährt und untergebracht werden müssen. Die Rote Armee macht ihre Kompanieführer zu Dorfkommandanten. Befehle ergehen. Oft die falschen. Vieh wird geschlachtet, bis nichts mehr da ist. Getreide geerntet, ohne neues zu säen. Maschinen, Traktoren, Dreschkästen werden nach Osten abtransportiert. Die großen Häuser mitten im Dorf beherbergen jetzt Heimatlose, verletzte Soldaten oder die Kommandantur der Roten Armee.

In der Sowjetischen Besatzungszone beginnt der radikale Umbau der Gesellschaft. Die hastig eingerichteten Provinzverwaltungen ordnen eine flächendeckende Bodenreform an. Grundbesitzer mit über 100 Hektar Land werden entschädigungslos enteignet. Die Guthäuser verlieren das Land, das sie wachsen und aufblühen ließ. Sie werden umfunktioniert zu Wohngebäuden, Gemeindezentren, Alters-, Kinder- und Versehrtenheimen. Stattliche Innenräume werden notdürftig zerteilt in stickige Büros und Zimmer, Leitungen für Wasser und Abwasser quer durch Treppenhäuser und Flure verlegt. Im Lauf der nächsten Jahrzehnte wuchern sie in ihrem Innern zu, die einst herrschaftlich durchgeplanten, repräsentativen Häuser. Mit Heimwerkerpfusch und Mangelwirtschaftsprovisorien. Manche sozialistische Dorfgemeinde knallt sogar einen Plattenbaublock

Viele Gutshäuser existieren nicht mehr oder sind in einem traurigen Zustand – wie die Anlage in Woltow.

mitten in den Gutshauspark oder betoniert unpassende Zweckbauten an die einst stolzen Anwesen. Die repräsentativen Häuser gelten in der DDR als Symbole der Ausbeutung, Unterdrückung und Kriegstreiberei. Finanziert auch durch Ungerechtigkeit und Bereicherung. Aber immerhin verfallen die meisten nicht. Sie werden zu großen Teilen genutzt und bleiben so – wenn auch ramponiert – erhalten.

Manches Gut ist wieder in Familienbesitz. Zum Beispiel Dalwitz. Die alte Wasserburg ist der Wohn- und Arbeitsort des Heinrich von Bassewitz und seiner Familie.

Neustart mit Tücken in den Neunzigern

Die schlimmste Zeit für manches Gutshaus beginnt aber erst nach 1990, als sich die bisherigen Nutzer von ihnen abwenden. Zahlreiche stehen lange leer und drohen zu verfallen. Die großzügigen Bauten in der Dorfmitte werden für viele Gemeinden zu einem ungeliebten Klotz. Verzweifelte Bürgermeister beschneiden nun die Grundstücke, auf denen die Häuser stehen, noch weiter, indem sie die nur noch wenigen verbliebenen Flächen um sie herum verkaufen. Aber ohne ausreichend Land sind die markanten Gebäude kaum zu halten. Das ist auch eine Grunderkenntnis der neuen Gutshausbesitzer und -sanierer: Sie brauchen smarte Ideen, mit denen sich die oft imposanten Immobilien selbst ohne große Ländereien halten und bewirtschaften lassen. Und Zeit. Einige sind seit fast 20 Jahren dabei. Viele versuchen verlorenen Grund und Boden wieder zurückzukaufen und Stück für Stück wenigstens das nähere Gutsgelände zu „arrondieren".

Große Zäsuren der jüngeren Geschichte haben die Gutshäuser östlich der Elbe erlebt und überstanden. Die Weltwirtschaftskrise in den 1920er-Jahren. Krieg, Flucht und Eroberung. Die Umnutzung unter dem Diktat einer Idee des „neuen Menschen" im Sozialismus. Die Verwahrlosung nach dem Fall der Mauer und dem Ende der DDR. Und schließlich sind zahlreiche Häuser auch der Abenteuerlust von Finanzjongleuren und Spekulanten der jüngeren Zeitgeschichte zum Opfer gefallen. Kaufsummen, die nie bezahlt wurden, Rechtsstreitigkeiten, die nicht enden wollen. Verschwundene Eigentümer, Insolvenzen, Versicherungsbetrug. Viele Anwesen sind untergegangen. Aber die meisten sind noch da und werden oft gesund gepflegt von den Erben der alten Gutsfamilien, von Enthusiasten und Lebenskünstlern. Alle diese Gutshausretter haben eins gemeinsam: Sie erhalten gewichtiges baukulturelles Erbe und sie lieben ihre Häuser.

MAKING-OF

Der Techniker im Übertragungswagen drückt auf den Knopf. Das Sendesystem sucht den richtigen uplink zum Satelliten. Signalstärke, Kanal, Frequenz. Zwischen Ohr und Schulter hat er einen Telefonhörer geklemmt und spricht mit dem Schaltraum und der NDR-Produktionsleitung. Die nötige Bandbreite für die Übertragung ist in der Erdfunkstelle Usingen gebucht. Weit steht die Tür seines Ü-Wagens offen, draußen strahlt ein sonniger, heißer Junitag.

Ein Reporter vom Hörfunk schnürt über das Gelände und erfragt sich hier und da noch ein paar Fakten für die Moderation. Er wird den ganzen Tag über immer mal wieder live ins Programm von NDR 1 Radio MV geschaltet. Das Mikrofon hat er schon in der Hand und einen Knopf im Ohr. Damit kann ihn der Moderator der Sendung direkt ansprechen.

Der Hof steht voller Autos. Fahrzeuge mit dem Logo vom Sender, der Mini Van einer TV-Produktionsfirma und die Kleintransporter einer Berufsschule aus Stade. Jugendliche lungern im Haus herum. Gelächter und Gekicher schallt durch die Flure und Treppenhäuser von Gutshaus Kobrow. Die freiwillige Feuerwehr aus Laage hat 15 Feldbetten geliefert. Ein lokaler Lebensmittelmarkt und ein Bäcker spendieren belegte Brötchen und Bockwürste mit Senf und Ketchup. Ein anständiges Gewusel breitet sich auf dem Vorplatz des Hauses aus.

Mir wird etwas bang und ich habe das Gefühl, dass dies hier gerade doch zu viel des Guten ist. Dabei wollen alle nur das Beste. Die meisten sind zum Helfen da. Mein Reporterkollege und ich werden darüber berichten. Hausherr Philipp Kaszay weiß auch nicht so richtig, ob ihm das al-

Medienauflauf in Kobrow: „Mit Mut, Mörtel und ohne Millionen" löst eine Hilfswelle aus.

les gefällt, was da gerade über ihn hereinbricht. Dabei hat es einige Jahre zuvor ganz unscheinbar begonnen.

Erwartung übertroffen

Ein Film über eine kleine Schar von Wagemutigen, die alte Gutshäuser sanieren, wird im Sommer 2013 ausgestrahlt. Freitagabend, 20:15 Uhr, NDR Fernsehen, gleich nach der Tagesschau. Beste Sendezeit. Prime Time. Die Geschichten von drei Gutshausrettern in Mecklenburg-Vorpommern treffen den Nerv des Publikums. In ganz Deutschland. Der Freitagabend gilt bei den Programmmachern als schwieriger, umkämpfter Sendeplatz. Aber an diesem Abend ist ihre Welt in Ordnung – die Einschaltquote übertrifft die Erwartungen. Die Redaktion im NDR Landesfunkhaus Schwerin beschließt schnell: Weitermachen! Ein zweiter Film wird in Auftrag gegeben. Ein dritter, vierter, fünfter und sechster folgen. Und fortan überrollen Sympathie und Hilfsangebote in Wellen so manchen Protagonisten dieser Serie.

Jetzt, an diesem Sommertag 2015 in Kobrow, ist sogar eine ganze Berufsschulklasse von Maurerlehrlingen aus Schleswig-Holstein angerückt, um eine Woche lang zu bauen. Sie wollen ranklotzen, was schaffen! Die Kollegen vom Hörfunk freuen sich über ein Highlight im Programm. Fernsehkameramann Hans Tanz drückt die dritte Zigarette an diesem Morgen aus und schwingt sein Arbeitsgerät auf die Schulter. Rein ins Haus, wo es nach Baustaub und nassem Mörtel duftet. Messton gepegelt minus zehn Dezibel, Weißabgleich vier-zwo, offene Blende. Dann wollen wir mal. Zwei Minuten später sind wir mittendrin. Die jugendliche Maurerbrigade zieht gekonnt und unter Anleitung ihrer Ausbilder eine neue Trennwand hoch, sie stemmen Türlöcher in altes Mauerwerk, bewegen Unmengen an Schutt. Viele Bilder und Szenen für uns und den nächsten Film. Ordentlich Action!

Schon lange mit dabei:
Kameramann Hans Tanz aus Stralsund

Euphorie und Ablehnung

Vier Jahre zuvor, im Frühjahr 2012, rolle ich mit der TV-Produzentin Wiebke Possehl in ihrem alten Volvo durch Mecklenburg-Vorpommern. Wir kennen uns lange, haben schon viele Fernsehprojekte zusammen realisiert. Dokumentationen, Featurefilme, Reportagen, kleine Serien. ARD, NDR, ZDF. Und jetzt sind wir mal wieder auf Spurensuche für eine neue Film-Idee. Wir klappern Gutshäuser ab, die in neuen, meist jungen Händen sind. Wir hoffen auf besondere Menschen mit ausgefallenen Lebensläufen, auf Stoff zum Geschichten-Erzählen. Unsere vage Film-Idee wird befeuert durch den fantasievoll bebilderten Aufmacher eines deutschen Reisemagazins. Eine uralte verwunschene Gutshausküche ist da auf einem doppelseitigen Foto zu sehen. Charismatische Gestalten lagern um einen reich gedeckten Eichentisch. Dicke Kerzen leuchten, Augen funkeln in interessanten Gesichtern, ein glänzender Braten wartet darauf, angeschnitten zu werden. Die abgebildeten Personen wirken surreal. Es ist das Mittwochabendtreffen der Gutshausretter von Mecklenburg. Das bizarre doppelseitige Foto hängt schon seit einiger Zeit an der Ideen-Pinnwand im Büro der Produktionsfirma „Populärfilm" von Wiebke und Roland Possehl in Rostock.

Wir fahren auf Nebenstraßen durch das Hinterland von Mecklenburg-Vorpommern. Gutshäuser allerorten, einige top saniert. Mit Konferenzräumen, langen Fluren, Hotelstandard mit „Flair". Freundliche Gesichter, viele Geschichten. Wellness, Golfplatz, Tagungsort. Nichts für uns. Wir sehen auch halbe Ruinen mit ambitionierten Neu-Eigentümern. Und ganze Ruinen, bei denen alles zu spät ist. Immer und immer wieder. Aber wonach wir eigentlich suchen, lässt sich kaum erklären. Wir wissen es selbst nicht so genau. Und fahren erstmal nach Hause. Es gibt mehrere solcher Anläufe. Das Projekt zieht sich in die Länge wie die B 108 zwischen Malchin und Teterow. Wochen vergehen. Zwischen „keine Lust mehr", Euphorie, Internetrecherche, vielen Telefonaten, neuen Besuchen und einigen Inaugenscheinnahmen bleibt der Reporterblick irgendwann hängen an zwei Herren in Vilz, einem deutsch-südamerikanischen Paar in Dersentin und einem sehr alten Haus in Rensow mit jungen, etwas exzentrischen Eigentümern. Alle bauen noch an ihren geschichtsträchtigen Gebäuden, aber leben schon darin.

„Vielleicht ist das mal was für ARTE", denken wir und schreiben ein ambitioniertes Exposé. Für ARTE muss man größer denken. Internationaler. Also ab in die Historie und losgeforscht: Ostelbien – das sagenumwobene Gebiet östlich der Elbe reicht bis nach Litauen und ist der Grund für die Gutshausstrukturen hier. Ich lerne sehr viel beim Lesen und Schreiben und Recherchieren. Das Projekt fängt an, richtig Spaß zu machen. Die Absage kommt postwendend: Der ARTE-Redaktion ist die Filmidee nicht europäisch genug. Exposé und Rechercheunterlagen wandern in eine Schublade im Produzentenschreibtisch, wo sie einen Sommer lang, vor Hitze und UV-Strahlung geschützt, überdauern. Es gibt auch sonst genug zu tun.

Im September sucht der NDR Produktionsvorschläge fürs nächste Jahr, für den Sendeplatz der „Nordstory", der von allen vier Landesfunkhäusern – Hamburg, Hannover, Kiel und Schwerin – „bespielt" wird. Gern was mit Schlössern und Gutshäusern in Mecklenburg-Vorpommern, erfahren wir. Eine Art Alleinstellungsmerkmal der Region. Schublade auf. Bingo.

Zwei Monate später, Mitte November 2012, fahren Kameramann Florian Melzer aus Hamburg und ich übers Land. Gerade haben wir vier Tage in einer Gerberei in Krakow am See verbracht. Für eine NDR Reportage über den letzten seiner Zunft. Zwischen Bottichen voll stinkender Lauge, blutigen Tierkadavern und der Entfleischungsmaschine in einem kalten Schuppen. Tote Waschbären, Füchse, Kaninchen. Und viel Fell.

Wir hängen noch drei Drehtage dran für das Gutshausprojekt – noch wissen wir selbst nicht genau, was dabei herauskommen soll. „Ergebnisoffen" – sagen sie in den Managementseminaren. Erstmal anfangen.

Verabredet sind wir mit Sönke Johannsen und Adriana Acosta in Dersentin. Die klettern mit uns auf einem Gerüst an der Fassade hinauf und kleben das neue Logo des Hauses, „La Dersentina", an den Porticus. Später stehen wir am Feuer und Adrianas Bruder Alejandro singt argentinische Lieder. Es wird schnell dunkel im November. Die Stimmung am Feuer ist entrückt. Aber wir müssen weiter – nach Rensow.

Vertrauen in die Musik des Zufalls

„Was ist denn eigentlich euer Konzept", fragt Knut Splett-Henning uns in seiner barocken Gutshausküche in Rensow nach einem langen Tag und entkorkt die zweite Flasche Rotwein. Oder ist es die dritte? „Wir haben keins", versichern wir ihm.

Die Rensower sind etwas misstrauisch an diesem Abend. Wen haben sie da wohl ins Haus gelassen? Christina von Ahlefeldt, Knuts Frau, erklärt in einem putzigen Deutsch-Dänisch die Herkunft eines Eichenschrankes aus dem Späbarock. Knut schenkt nach.

Wir hören erstmal viel zu, verlassen uns auf die Strahlkraft der charismatischen Akteure mit ihren sehr individuellen Häusern und vertrauen der Musik des Zufalls.

Die ersten beiden Drehtage in Rensow sind schwierig. Draußen novembert ein mecklenburger Nieselregen. Drinnen toben Vilhelmine und Bendix, die beiden Kinder von Knut und Christina, zusammen mit der kläffenden Dackeldame Ophelia durch die Gutshausküche. Dann sind plötzlich die Schafe ausgebüxt. Knut und Christina rennen raus. „Das müsst ihr filmen", ruft Knut uns noch zu. Und ist weg. Und so geht das weiter. Kaum läuft die Kamera, passiert irgendetwas, das einen flüssigen Dreh unmöglich macht. Freunde tauchen auf und wollen reden, ein Handwerker will was reparieren, Knut und Christina sind immer mal wieder verschwunden in den Tiefen ihres Gutshauses.

Nach zwei Tagen ist uns klar: eine normale Reportage geht hier nicht. Das Durcheinander ist zu groß. Also besprechen wir vorher einzelne Szenen aus dem Tagesablauf. Und konzentrieren uns auf kleine abgeschlossene Sujets: Kartoffel-

Kameramann Eddy Zimmermann aus Rostock dreht in der Gutshausküche von Rensow.

ernte mit der ganzen Familie an einem dunklen Herbstnachmittag. Ein Gang durch den Gutshauspark bis zum Grab derer von Lowtzow. Holz hacken und Öfen heizen, kochen, Gäste bewirten. Daneben geistern wir durchs ganze Haus und drehen aufwändige Kamerafahrten durch die Gemächer und Flure. Am dritten Tag steht ein junger, dunkelhaariger Mann mit einem kleinen Mädchen auf dem Arm in der Gutshausküche von Rensow. „Ach so, ja ja, das ist einer", ruft Knut von seinem Platz am Herd, „der sich auch so einen alten Kasten zugelegt hat." Die Musik des Zufalls. Zwei Stunden später sitzen wir in Philipp Kaszays zerbeultem Fiat-Transporter und fahren über holprige Schleichwege nach Kobrow.

Kamera aus - Bohrmaschine an

Und so kommt eins zum anderen. Übers Jahr verteilt drehen wir in vier verschiedenen Gutshausprojekten, in Rensow, Kobrow, Dersentin und Vilz. Landschaften und Jahreszeiten werden zum visuellen Rahmen für unsere Geschichten. Es macht glücklich, in der eigenen Heimat zu arbeiten und dabei ihre landschaftlichen Schönheiten immer wieder neu entdecken zu dürfen.

Auch die Dreharbeiten in den alten Häusern liefern besondere und oft sehr stimmungsvolle Bilder. Es ist das Licht in den großen Räumen und es sind die weichen Farben. Erdtöne, Ziegelrot, das Ocker der Lehmwände, altes Holz, rauchschwarz oder hell. Abblätternde alte Anstriche in

Axel Schneppat aus Berlin beim Außendreh: Große Landschaftsbilder gehören dazu.

Mancher Szenenvorschlag sorgt für Heiterkeit, auch bei Kameramann Florian Melzer aus Hamburg.

Braun, Beige oder Schmutzigweiß. Es ist die Abwesenheit der Moderne, das Nichtvorhandensein von Kunststoff. Es macht Spaß.

In Kobrow passiert eines Tages etwas recht Unübliches. Kameramann Florian Melzer und ich filmen Philipp Kaszay, während er die ersten Zimmer für sich und seine Tochter im Obergeschoss des Hauses ausbaut – Decke abhängen mit einer Unterkonstruktion von vier Meter fünfzig langen Latten und quadratmetergroßen Gipskartonplatten. Er ist allein und müht sich ab. Kamera läuft. Philipp quält sich, hat sich vermessen mit der Lattenkonstruktion, muss wieder neu anfangen. „Ein Journalist macht sich mit keiner Sache gemein, auch wenn es eine gute ist", hat Hanns Joachim Friedrichs, der berühmte „Mister Tagesthemen", mal angemahnt. Aber in Kobrow geht es jetzt nicht anders: Florian und ich legen das Kamera-Equipment zur Seite und packen mit an. Es war nicht mehr auszuhalten. Für den nächsten Morgen verabreden wir uns erst einmal gleich zum Arbeiten. Ohne Kamera. Nachdem die Ausbauplatten in zwei Zimmern sauber an der Decke hängen, drehen wir weiter. Philipp ist einen großen Schritt vorwärtsgekommen und wir haben ein Resultat im Kasten

In einem kleinen Schnittstudio der TV-Produktionsfirma „Populärfilm" in Rostock montieren Roland Possehl und ich den ersten Film. Der schlägt ein. 14 Prozent Marktanteil, begeisterte Redakteure. Am nächsten Tag kommt eine lange E-Mail von Knut und Christina aus Rensow, die beiden sind an einer weiteren Zusammenarbeit nicht mehr interessiert.

Mut, Mörtel und Millionen Klicks im Netz

Die Redaktion möchte einen Folgefilm. Wir suchen neue Häuser mit neuen Protagonisten.

Haben mittlerweile zu einer Bildsprache und einer Erzählweise gefunden, die, wie wir finden, gut zu den Menschen und der Landschaft passt. Die Programmplaner wünschen sich mehr: 30-Minuten-Auskopplungen und eine XL-Version von 90 Minuten für das Sonntagsprogramm. Unsere Gutshausretter sind fortan recht präsent im Fernsehen. Philipp Kaszay bekommt Briefe mit Heiratsanträgen und Geldspenden. Möbel, Geschirr und andere Sachen werden ihm angeboten oder gleich geschenkt. Eines Tages steht auch ein selbstgebackener Kuchen vor seiner Tür.

Aber nach zwei Jahren geht es erst einmal nicht weiter mit den Dreharbeiten. „Reicht momentan auch", ist der Konsens von Redaktion und Produktion.

Im Juli 2015 klingelt mein Telefon. Ich stehe in einem Seglerhafen in Rødvig auf der dänischen Insel Sjælland. Urlaub. Knut Splett-Henning ist am anderen Ende und erzählt, dass er gerade ein neues Gutshaus gekauft habe. Eine Art Dornröschenschloss. Total eingewachsen. In Dölitz bei Gnoien. Er gerät ins Plaudern und Schwärmen. „Interessiert Euch das vielleicht?", fragt er dann. „Da könntet ihr mal sehen, wie so ein Projekt ganz von vorne losgeht." Ich bin etwas überrascht, aber sage spontan: „Na klar, warum nicht?"

Ein paar Telefonate später sind Roland und Wiebke Possehl eingeweiht in diese Neuigkeit, wir informieren unsere Redaktion, schreiben ein neues Exposé für eine neue Folge von „Mut, Mörtel und ohne Millionen". Der Sender genehmigt das Projekt kurze Zeit später. Im August 2015 kriechen Kameramann Axel Schneppat und ich zusammen mit Knut Splett-Henning durch ein Kellerfenster in das völlig eingewachsene Gutshaus von Dölitz. Knut hatte das Anwesen zwar gerade

NDR-Nordstory als Erfolgsstory: Die Langzeitbeobachtung der Gutshausretter geht weiter!

Auf Dreh für die nächste Folge: In Dölitz testen Ronald van der Starre und Roland Tschersche erste Farbproben für die Fassade.

gekauft, aber noch keinen Schlüssel. Wir stapfen durch den stockdunklen, uralten Bau mit zugenagelten Fenstern und drehen mit dem wenigen Licht, dass durch einige Löcher ins Innere funzelt. Das Gebäude ist barock, sagt Knut, oder sogar älter.

Mit diesem Projekt kommt ein völlig neuer Schwung in die ganze Doku-Reihe. Knut und Christina in Rensow entwickeln sich fortan zum Mittelpunkt einer wachsenden Szene von Gutshausrettern. Neue Protagonisten tauchen auf – und wieder neue Häuser. Neue Filme entstehen. Auch die wachsende Fangemeinde will nicht aufhören zu wissen, wie es weitergeht. Der NDR eröffnet 2015 einen eigenen Doku-Kanal auf youtube. Dort stellt der Sender seine Nordstories und Nordreportagen ein. Einige Folgen von „Mit Mut, Mörtel und ohne Millionen“ wurden bis heute über eine Million Mal angeklickt.

Im Hinstorff Verlag bereits erschienen:

Christoph Forsthoff
Unerhörte Orte
Reiseführer der Festspiele
Mecklenburg-Vorpommern
240 Seiten
ISBN 978-3-356-02291-9

Die Orte, an denen während der Festspiele Mecklenburg-Vorpommern Musik zu hören ist, liegen oft abseits der bekannten Pfade. Wie viel es dort zu entdecken gibt, zeigt dieser Reiseführer.

Wolf Karge

Schlösser und Herrenhäuser in Mecklenburg

320 Seiten

ISBN 978-3-356-02185-1

Längst gilt Wolf Karges Buch über die Schlösser und Herrenhäuser in Mecklenburg als Standardwerk. Kenntnisreich, voller Fakten, gut lesbar. Ein Band, der sich bestens dazu eignet, Entdeckungsreisen zu planen oder zurückliegende Touren noch einmal in Buchform lebendig werden zu lassen.

Bildnachweis

© Madlen Krippendorf (www.krippendorf.photo) – Seiten 10 (2), 12 (links), 14, 16/17, 29, 84, 89,

© Norddeutscher Rundfunk (www.ndr.de) – Seiten 8, 9, 11, 15, 21, 24–26, 28 (2), 37–44, 49–64, 72–76 (oben), 78, 85–87, 90, 95–97, 99, 102, 104–107, 109, 115, 118–122, 126

© Populärfilm (www.populaerfilm.de), Fotograf: Eddy Zimmerman – Cover

© Steffen Schneider (www.steffenschneider.net) – Seiten 1–4, 12 (rechts), 13, 18, 22, 23, 27, 30–33, 46–48, 66–71, 76 (unten), 77 (2), 80–82, 92–94, 108 (rechts), 110–112, 116, 124/125, 129–141; Rückcover

© Axel Thiessenhusen (www.gutshaeuser.de) – Seite 34

© Knut Splett-Henning (www.gutshaus-rensow.de) – Seite 35

© Wadim Wolf – Seiten 98, 100, 103, 108 (links)

© Karte: Marten Lau (www.martenlau.de)

Autor und Verlag danken „Populärfilm" für die Zusammenarbeit bei der Entstehung des Buches.

Liebe Leserin, lieber Leser! Wie hat Ihnen die Lektüre gefallen? Bitte bewerten Sie uns im Internet.

Die Deutsche Bibliothek verzeichnet diese Publikation in der Deutschen Nationalbibliografie; detaillierte bibliografische Daten sind im Internet über www.dnb.de abrufbar.

Lagerstraße 7, 18055 Rostock
Tel. 0381/4969-0
www.hinstorff.de

1. Auflage 2020
Herstellung: Hinstorff Verlag GmbH
Lektorat: Thomas Gallien
Titelfoto: Eddy Zimmermann
Titelgestaltung und Layout: Beatrix Dedek
Druck: CPI books GmbH
Printed in Czech Republic
ISBN 978-3-356-02325-1